漢検 ハンディ漢字学習 準2級

財団法人　日本漢字能力検定協会

はしがき

漢字の能力を測る、「日本漢字能力検定（漢検）」の志願者が年々増加しています。この志願者増の背景には「漢検」の資格取得者が、学生では、大学入試の際に有利になる入試優遇制度や取得により高校の国語の単位として認められる単位認定制度などがあり、一般社会人では、企業で技能検定資格所有者として優遇されるなどがあります。いずれにしても、これらは漢字の知識を有し、漢字を正しく使える能力をもつ人に対して、社会が高く評価していることを示しています。

さて、「漢検」の資格を取得するには、当該の級の検定に合格しなければなりません。そのために、それに向けての準備や対策が望まれるのも言うまでもありません。本書は「漢検」の検定に合格できるよう、漢字の知識を深め、漢字能力を高めるために使いやすく、短い時間で効果の上がる学習書として出版しました。ぜひ、本書を使って「漢検」の希望される級の資格を得られるように願っております。

本書の特長と使い方

●赤シートは切り取ってお使いください。

●いつでも・どこでも・手軽に学べるハンディ判

少しの時間でもムダなく利用し、通学や通勤などの車中でも所を選ばずムリなく学習できるよう、持ち歩きに便利なハンディ判としました。

●検定問題と同様形式の問題構成

問題は既出の検定問題を中心にして構成し、総仕上げとして、検定問題と同様形式の模擬テストを付けました。検定の予習が効果的に行えます。

●「漢検」の豊富なデータから正答率を表示

問題の中で比較的正答率が低いものを二段階で表示しました。**は正答率が特に低いもの、*は正答率が比較的低いものです。検定前のポイント学習などの参考にしてください。

●赤いシートで学習効率を向上させる

問題の解答は赤刷りにしてあるので、赤いシートを当てると、解答は消えます。問題を解いてから赤いシートをはずすと、答えの照合が能率よく行えます。また、漢字表では、部首、語句の読みの学習にも便利なようにしました。

●漢字表や役立つ資料を豊富に収録

「漢検準2級」配当漢字についての詳しい漢字表を掲載しました。漢字の参考書の役割を果たすこの漢字表を問題学習の中で常に活用してください。漢字の理解が一層深まるでしょう。その他、漢字学習に役立ついろいろな資料を用意しました。

もくじ

「漢検」級別 主な出題内容

10級 …対象漢字数 八〇字
漢字の読み／漢字の書取／筆順・画数

9級 …対象漢字数 二四〇字
漢字の読み／漢字の書取／筆順・画数

8級 …対象漢字数 四四〇字
漢字の読み／漢字の書取／部首・部首名／筆順・画数／送り仮名／対義語／同じ漢字の読み

7級 …対象漢字数 六四〇字
漢字の読み／漢字の書取／部首・部首名／筆順・画数／送り仮名／対義語／同音異字／三字熟語

6級 …対象漢字数 八二五字
漢字の読み／漢字の書取／部首・部首名／筆順・画数／送り仮名／対義語・類義語／同音・同訓異字／三字熟語／熟語の構成

5級 …対象漢字数 一、〇〇六字
漢字の読み／漢字の書取／部首・部首名／筆順・画数／送り仮名／対義語・類義語／同音・同訓異字／誤字訂正／四字熟語／熟語の構成

4級 …対象漢字数 一、三二二字
漢字の読み／漢字の書取／部首・部首名／送り仮名／対義語・類義語／同音・同訓異字／誤字訂正／四字熟語／熟語の構成

3級 …対象漢字数 一、六〇八字
漢字の読み／漢字の書取／部首・部首名／送り仮名／対義語・類義語／同音・同訓異字／誤字訂正／四字熟語／熟語の構成

準2級 …対象漢字数 一、九四五字
漢字の読み／漢字の書取／部首・部首名／送り仮名／対義語・類義語／同音・同訓異字／誤字訂正／四字熟語／熟語の構成

2級 …対象漢字数 一、九四五字（他に人名用漢字）
漢字の読み／漢字の書取／部首・部首名／送り仮名／対義語・類義語／同音・同訓異字／誤字訂正／四字熟語／熟語の構成

準1級 …対象漢字数 約三千字
漢字の読み（含、国字、文章題）／漢字の書取（含、文章題）／故事・諺／対義語・類義語／同音・同訓異字／誤字訂正／四字熟語

1級 …対象漢字数 約六千字
漢字の読み（含、動植物名・外国名など、文章題）／漢字の書取（含、国字、文章題）／故事・諺／対義語・類義語／同音・同訓異字／誤字訂正／四字熟語

※ここに示したのは出題分野の一例です。毎回すべての分野から出題されるとは限りません。また、この他の分野から出題されることもあります。
※実際に出題された内容については、『漢検 過去問題集』（財団法人日本漢字能力検定協会発行図書）を参照してください。

審査基準

8級

〈程度〉 小学校第三学年までの学習漢字を理解し、文や文章の中で使えるようにする。

〈領域と内容〉

読むこと・書くこと
㋐小学校第三学年までの学習漢字を読み、またその大体を書くことができる。
・音読みと訓読みを理解すること
・対義語の大体がわかること（勝つ―負ける、重い―軽い　など）
・送り仮名に注意して書くこと（当たる、楽しい、後ろ　など）

筆順
㋑筆順、総画を正しく理解する。

部首
㋒へん、かんむり、つくりなどを理解する。

7級

〈程度〉 小学校第四学年までの学習漢字を理解し、文章の中で正しく使えるようにする。

〈領域と内容〉

読むこと・書くこと
㋐配当漢字が読める。
㋑配当漢字の大体が書ける。
・音読みと訓読みを正しく理解すること
・対義語の大体がわかること（入学―卒業、得点―失点　など）
・同音異字を理解すること（健康、高校、広告、外交　など）
・三字熟語を理解すること（百貨店、軽音楽　など）
・送り仮名に注意して正しく書くこと（落ちる、登る、放す　など）

筆順
㋒点画にも注意する。

部首
㋓脚（あし）、構（かまえ）、繞（にょう）を理解する。

6級

〈程度〉 小学校第五学年までの学習漢字を理解し、文章の中で漢字が果たしている役割を知り、正しく使えるようにする。

〈領域と内容〉

読むこと・書くこと
㋐配当漢字が読める。
㋑配当漢字の大体が書ける。
・音読みと訓読みを正しく理解すること
・対義語、類義語の大体がわかること（欠点―短所、死去―他界　など）
・同音・同訓異字、三字熟語を正しく理解すること
・熟語の構成を知ること（日照、上下、美人、読書、不明　など）
・送り仮名や仮名遣いに注意して正しく書くこと（等しい、短い　など）

筆順
㋒筆順、総画を理解する。

部首
㋓主な部首を理解する。

5級

〈程度〉 小学校第六学年までの学習漢字を理解し、文章の中で漢字が果たしている役割に対する知識を深め、漢字を文章の中で適切に使えるようにする。

〈領域と内容〉

読むこと・書くこと

㋐配当漢字が読める。
㋑配当漢字の大体が書ける。
・音読みと訓読みを正しく理解すること
・対義語、類義語、同音・同訓異字、四字熟語を正しく理解すること（豊年満作、郷土芸能 など）
・熟語の構成を知ること
・送り仮名や仮名遣いに注意して正しく書くこと

筆順

㋒筆順を正しく理解する。

部首

㋓漢字の形を理解する。

4級

〈程度〉 小学校学年別漢字配当表のすべての漢字と、その他の常用漢字三百字程度を理解し、文章の中で適切に使えるようにする。

〈領域と内容〉

読むこと・書くこと

㋐約千三百字の漢字が読める。
㋑学年別漢字配当表の漢字のうち九百字程度の漢字を書き、文章の中で適切に使える。
・音読みと訓読みを正しく理解すること
・熟字訓・当て字を理解すること（小豆／あずき、時雨／しぐれ、土産／みやげ、大和／やまと など）
・対義語、類義語、同音・同訓異字を正しく理解すること
・熟語の構成、四字熟語を理解すること
・送り仮名や仮名遣いに注意して正しく書くこと

部首

㋒部首を理解し、漢和辞典の使用に慣れる。

3級

〈程度〉 小学校学年別漢字配当表のすべての漢字と、その他の常用漢字六百字程度を理解し、文章の中で適切に使えるようにする。

〈領域と内容〉

読むこと・書くこと

㋐約千六百字の漢字が読める。
㋑学年別漢字配当表の漢字を身につけ、文章の中で適切に使える。
・音読みと訓読みを正しく理解すること
・熟字訓・当て字を理解すること（乙女／おとめ、風邪／かぜ、足袋／たび、雪崩／なだれ など）
・対義語、類義語、同音・同訓異字を正しく理解すること
・熟語の構成、四字熟語を正しく理解すること
・送り仮名や仮名遣いに注意して正しく書くこと

部首

㋒部首を理解し、漢和辞典の使用に慣れる。

準2級

〈程度〉 小学校・中学校で学習する常用漢字の大体を理解し、文章の中で適切に使えるようにする。

〈領域と内容〉

読むこと・書くこと

㋐常用漢字の大体が読める。特に中学校で学習する音・訓を身につける。

㋑学年別漢字配当表の漢字およびその他の常用漢字三百字程度を身につけ、文章の中で適切に使える。

・熟字訓、当て字を理解すること（硫黄／いおう、相撲／すもう、草履／ぞうり、凸凹／でこぼこ など）

・対義語、類義語、同音・同訓異字などを理解すること

・典拠のある四字熟語を理解すること（驚天動地・孤立無援 など）

部首

㋒部首の理解を深め、正しく識別する。

2級

〈程度〉 小学校・中学校・高等学校で学習する常用漢字を理解し、文章の中で適切に使えるようにする。人名用漢字も読めるようにする。

〈領域と内容〉

読むこと・書くこと

㋐すべての常用漢字の読み書きに慣れる。特に高等学校で学習する音・訓を身につけ、文章の中で適切に使える。

・熟字訓、当て字を理解すること（海女／あま、玄人／くろうと、祝詞／のりと、寄席／よせ など）

・対義語、類義語、同音・同訓異字などを理解すること

・典拠のある四字熟語を理解すること（鶏口牛後、呉越同舟 など）

部首

㋑部首の理解を深め、漢字の構成と意味を把握する。

準1級

〈程度〉 常用漢字を中心とし、約三千字の漢字の音・訓を理解し、文章の中で適切に使えるようにする。

〈領域と内容〉

読むこと・書くこと

㋐常用漢字の音・訓を含めて、約三千字の漢字を読み、その大体が書ける。

・熟字訓、当て字、対義語、類義語、同音・同訓異字などを理解すること

・典拠のある四字熟語を理解すること

・国字を読むこと（峠・凧・畠 など）

・表外漢字を常用漢字に書き換えること

故事・諺

㋑故事成語・諺を正しく理解する。

※約三千字の漢字は、JIS第一水準を目安とする。

1級

〈程度〉 常用漢字を含めて、約六千字の漢字の音・訓を理解し、文章の中で適切に使えるようにする。

〈領域と内容〉

読むこと・書くこと

㋐常用漢字の音・訓を含めて、約六千字の漢字を読み、その大体が書ける。

・熟字訓、当て字、対義語、類義語、同音・同訓異字などを理解すること
・典拠のある四字熟語を理解すること
・国字を書くこと（怺える、毟る　など）
・地名・国名等の漢字表記（当て字の一種）を読むこと
・常用漢字体と旧字体との関連を知ること

故事・諺

㋑故事成語・諺を正しく理解する。

※約六千字の漢字は、JIS第二水準を目安とする。

日本漢字能力検定採点基準（平成十八年度第一回より）

財団法人 日本漢字能力検定協会

(1) **字種・字体**

①2〜10級の解答は、内閣訓令・告示「常用漢字表」による。ただし、旧字体での解答は正答とは認めない。

②1級および準1級の解答は、『漢字必携一級』（財団法人日本漢字能力検定協会発行）に示す「標準字体」「許容字体」「旧字体一覧表」による。

(2) **字の書き方**

解答は筆画を正しく、明確に記すこと。くずした字や、乱雑な書き方は採点の対象外とする。

(3) **読み**

①2〜10級の解答は、内閣訓令・告示「常用漢字表」による。

②1級および準1級の解答には、①の規定は該当しない。

(4) **仮名遣い**

仮名遣いは、内閣訓令・告示「現代仮名遣い」による。

(5) **送り仮名**

送り仮名は、内閣訓令・告示「送り仮名の付け方」による。

(6) **部首**

部首は、『漢字必携二級』（財団法人日本漢字能力検定協会発行）収録の「部首一覧表と部首別の常用漢字」による。

(7) **筆順**

筆順は、文部省（現文部科学省、以下同じ）告示「小学校学習指導要領」の「学年別漢字配当表」に示された漢字については、文部省編「筆順指導の手びき」により、その他の常用漢字については、『漢字必携二級』による。

(8) **合格基準**

級	満点	合格
1／準1／2級	二〇〇点	八〇%程度
準2／3／4／5／6／7級	二〇〇点	七〇%程度
8／9／10級	一五〇点	八〇%程度

漢字の読み（音読み）1

月　日

／30

● 次の——線の読みをひらがなで、（　）の中に記せ。

□ 1 試合のあと選手たちをねんごろに慰労する。（いろう）

□ 2 古都の目抜き通りを騎馬の列が通る。（きば）

□ 3 私淑する作家にやっとお会いできた。（ししゅく）

*□ 4 叙景にすぐれた作品を読む。（じょけい）

□ 5 朝からずいぶんご機嫌がいいようです。（きげん）

**□ 6 現代の世相を戯画化している絵だ。（ぎが）

□ 7 天の啓示を受けたと信じている。（けいじ）

□ 8 情状酌量の余地があります。（しゃくりょう）

□ 9 大邸宅の多い一画だ。（ていたく）

□ 10 最新型エンジンを搭載した新車だ。（とうさい）

*□ 11 弁護人から裁判官忌避の申し立てがあった。（きひ）

□ 12 優柔不断な性格のようだ。（ゆうじゅう）

13 幼児誘拐事件が起こった。（ゆうかい）

* 14 身分の詐称が発覚した。（さしょう）

** 15 遵法の精神が肝要である。（じゅんぽう）

16 当国会で条約が満場一致で批准された。（ひじゅん）

17 年に一回定期的に検診を受けている。（けんしん）

18 水鳥が湖面から一斉に飛びたった。（いっせい）

* 19 金塊を秘匿している。（ひとく）

* 20 あの銀行は旧財閥系だ。（ざいばつ）

21 加盟国と緊密な関係を保持する。（きんみつ）

---

22 多くの動植物は油脂を含む。（ゆし）

23 惰性に流された生活を断ち切れ。（だせい）

24 全国制覇を目指してがんばろう。（せいは）

* 25 情勢に応じて適宜対処することが大切です。（てきぎ）

26 失敗を重ねたことは容赦しがたい。（ようしゃ）

27 名曲の演奏に陶酔する。（とうすい）

* 28 資金の援助を快諾した。（かいだく）

29 壮麗な大聖堂に感動した。（そうれい）

* 30 月面には凹凸が多い。（おうとつ）

漢字の読み（音読み）２

月　日

／30

● 次の――線の読みをひらがなで、（　）の中に記せ。

□ 1 霧状に噴射する消火器だ。（ふんしゃ）

□ 2 至極ごもっともなお話です。（しごく）

□ 3 政界ではひときわ傑出した人物だ。（けっしゅつ）

*□ 4 両者の考えを折衷した。（せっちゅう）

□ 5 君がそう言うなら先の提案は撤回しよう。（てっかい）

□ 6 煙硝の扱いにはくれぐれも注意しよう。（えんしょう）

*□ 7 私の祖父は謹厳そのものの人だった。（きんげん）

*□ 8 紡錘によく似た形だ。（ぼうすい）

□ 9 懲戒を行う権限を有する。（ちょうかい）

□ 10 その件に関しては柔軟に対処してください。（じゅうなん）

□ 11 古今の名画を前に愉悦の時を過ごす。（ゆえつ）

*□ 12 質朴な青年で非常に好感が持てる。（しつぼく）

□ 13 珠玉の短編集だった。（しゅぎょく）

* 14 法曹界に新風を吹き込む。（ほうそうかい）

* 15 シリーズとして逐次出版する予定だ。（ちくじ）

16 秋の夜長、虫の音を友とし静かに思索にふける。（しさく）

17 不肖私がその役を務めさせていただきます。（ふしょう）

18 原稿は校閲済みです。（こうえつ）

19 華やかな王妃として人気があった。（おうひ）

** 20 昔話の上手な老翁だった。（ろうおう）

21 和漢の多くの書籍が保存されている。（しょせき）

---

22 自然の恵みを享受する。（きょうじゅ）

23 深く心に銘記する。（めいき）

24 座禅で心身を練磨する。（れんま）

25 透徹した理論を自由自在に展開する。（とうてつ）

* 26 他社との技術提携にこぎつけた。（ていけい）

* 27 採算割れでついに廃坑のやむなきに至った。（はいこう）

28 留学生との交歓会に夫婦で出席した。（こうかんかい）

29 会議は暗礁に乗り上げた。（あんしょう）

** 30 心身が疲弊してきた。（ひへい）

漢字の読み（音読み）③

月　日　／30

● 次の――線の読みをひらがなで、（　）の中に記せ。

□ 1 豪華客船が青空のもと数隻停泊している。（すうせき）

□ 2 丁寧に作品を仕上げた。（ていねい）

□ 3 貿易摩擦解消のため首脳会談を行う。（まさつ）

□* 4 従来の俗説をたった一人で堂々と喝破した。（かっぱ）

□* 5 素直に首肯できる考え方だ。（しゅこう）

□ 6 先人の偉業をたたえ顕彰する碑です。（けんしょう）

□* 7 総理大臣は政務を統轄する。（とうかつ）

□* 8 経営の合理化で生産が漸増している。（ぜんぞう）

□ 9 神前に祈願し、おみくじを引いて吉凶を占った。（きっきょう）

□ 10 大臣主催の招宴に列席する。（しょうえん）

□* 11 一抹の寂しさを覚える。（いちまつ）

□ 12 文化祭の劇で貞淑な妻の役を演じた。（ていしゅく）

□ 13 楽しく同僚と談笑する。（どうりょう）

14 岩壁に激浪が当たって砕け散る。（げきろう）

15 暗愚な主君に長年仕えて苦労した。（あんぐ）

*16 恐悦至極に存じます。（きょうえつ）

17 犠打を足掛かりに得点した。（ぎだ）

18 今こそ禍根を絶つべき時だ。（かこん）

19 体験に立脚した発言には重みがある。（りっきゃく）

20 家畜を媒介して伝染病が広がった。（ばいかい）

**21 事業の資金繰りに狂奔している。（きょうほん）

---

22 行きがけの駄賃では困る。（だちん）

23 唯一残された手掛かりは、走り書きのメモ一枚だ。（ゆいいつ）

*24 業績が向上しご同慶の至りです。（どうけい）

25 汚職をきびしく糾明する。（きゅうめい）

**26 同盟罷業に突入しそうな勢いだ。（ひぎょう）

27 南部産の鉄瓶は名高い。（てつびん）

28 優勝の可能性は濃厚だ。（のうこう）

29 二人の立候補者の力は伯仲している。（はくちゅう）

30 強敵を一挙に粉砕した。（ふんさい）

漢字の読み（音読み）4

月　日

／30

●次の——線の**読み**を**ひらがな**で、（　）の中に記せ。

1 余裕のある落ち着き払った態度に感心した。（よゆう）

*2 今回で借入金は皆済できる予定だ。（かいさい）

3 くれぐれも相手の挑発に乗るな。（ちょうはつ）

*4 貴重な資料の散逸を未然に防ぐ。（さんいつ）

*5 雅趣豊かな庭園である。（がしゅ）

6 新語を網羅した画期的な辞書だ。（もうら）

7 祖母を徹夜で看病した。（てつや）

8 道場には剛健の気風が満ちている。（ごうけん）

*9 両国間に借款が成立した。（しゃっかん）

10 巡航速度で安定した飛行を続けている。（じゅんこう）

11 事の経緯をわかりやすく説明する。（けいい）

12 今回の措置はやむを得ない。（そち）

*13 やかんの湯が沸騰している。（ふっとう）

14 事件の経過を詳述している。（しょうじゅつ）

＊15 夏木立に囲まれた寺の本堂は森閑としていた。（しんかん）

16 四季折々の滋味に富む海の幸だ。（じみ）

17 私権の享有は出生に始まる。（きょうゆう）

＊＊18 県道の両側に緩衝緑地を設けた。（かんしょう）

19 部屋を借りる契約をした。（けいやく）

20 碁では父と互角に戦える。（ごかく）

21 篤実な人柄が信頼を得る。（とくじつ）

＊22 将来を嘱望されている期待の新人だ。（しょくぼう）

＊＊23 昔の城下町のおもかげが残る土塀が続く。（どべい）

24 昔から犬猿の仲で口もきかない。（けんえん）

25 妊婦も適度の軽い運動は必要だ。（にんぷ）

＊26 該当者の名簿から無作為に抽出した。（ちゅうしゅつ）

27 登記簿の謄本を請求する。（とうほん）

＊28 病気は完全に治癒した。（ちゆ）

29 長文の要点を抜粋する。（ばっすい）

30 状況を正確に把握して行動しよう。（はあく）

漢字の読み（音読み）5

月　日

／30

● 次の——線の読みをひらがなで、（　）の中に記せ。

1 決勝戦で殊勲の逆転ホームランを放った。（しゅくん）

* 2 寄付は金額の多寡は問題ではない。（たか）

* 3 創業者は傑物と言われる人だった。（けつぶつ）

* 4 深更まで会議は続いた。（しんこう）

* 5 論文作成のため資料を渉猟する。（しょうりょう）

6 電気火花が誘因となって爆発した。（ゆういん）

7 慎重に事を運んでいる。（しんちょう）

8 二人は肝胆相照らす仲だ。（かんたん）

** 9 天成の舞踊家というべき人です。（ぶよう）

10 一晩、兄の友人の家に厄介になった。（やっかい）

11 かなり赤字が累積している。（るいせき）

12 山峡を縫って列車が走っている。（さんきょう）

13 失態を演じ汗顔の至りです。（かんがん）

14 紋服姿で出掛けた。（もんぷく）

15 食べ歩きをして少々飽満気味だ。（ほうまん）

16 古代文明発祥の地を巡る。（はっしょう）

17 家元の嫡嗣として生まれた。（ちゃくし）

18 手作りの素朴な味わいのある木彫り人形だ。（そぼく）

19 大人の水痘は重い症状になることが多い。（すいとう）

20 雑誌に短編小説を寄稿した。（きこう）

21 国王の謁見室を見学した。（えっけん）

22 天子の印鑑を玉璽という。（ぎょくじ）

---

23 損害の賠償に応じる。（ばいしょう）

24 睡魔に襲われて仕事が進まない。（すいま）

25 受験参考書で満遍なく学習した。（まんべん）

26 お礼に一献差しあげたい。（いっこん）

27 傷口から雑菌が入った。（ざっきん）

28 本隊から派遣され島に駐屯している。（ちゅうとん）

29 現代の風潮が顕著に現れている。（けんちょ）

30 碁盤の目のように整然としている。（ごばん）

漢字の読み（音読み）⑥

月　日

／30

● 次の——線の読みをひらがなで、（　）の中に記せ。

** 1 期待と不安が交錯する。（こうさく）

2 迅速な報道に接した。（じんそく）

3 二人の仲を邪推されてしごく迷惑だ。（じゃすい）

* 4 端麗な天女の像を拝した。（たんれい）

5 政府は特使に即刻帰国せよと命じた。（そっこく）

6 長期間にわたって緊迫した状況が続いた。（きんぱく）

7 事件の輪郭がようやく見えてきた。（りんかく）

* 8 店長として敏腕を振るう。（びんわん）

9 現在の体重を維持したい。（いじ）

* 10 年表の改訂版を買ってきた。（かいてい）

11 議論の応酬が続いている。（おうしゅう）

12 車軸の磨耗が事故の原因だ。（まもう）

* 13 役所から戸籍抄本を取り寄せる。（しょうほん）

** 14 切りたった山の桟道を注意深くたどる。（さんどう）

15 意見が続出して会議は紛糾した。（ふんきゅう）

16 時間に拘束されるのは特にいやだ。（こうそく）

17 しばらく一点を凝視する。（ぎょうし）

18 世俗を離れて暮らす。（せぞく）

19 服装は時代と共に変遷する。（へんせん）

20 因循な態度に気がいらだつ。（いんじゅん）

21 空港新設には巨額の資金が必要だ。（きょがく）

22 尿素は肥料の原料になる。（にょうそ）

23 首都圏には人口が集中している。（しゅとけん）

24 日ごろの鍛練の成果があらわれた。（たんれん）

25 周囲を山に囲まれた盆地には扇状地が多い。（せんじょうち）

26 業績不振のため減俸された。（げんぽう）

27 漠然とした話で少しも要領を得ない。（ばくぜん）

28 今回の失敗はまことに痛恨に堪えない。（つうこん）

29 飢餓に苦しむ子供たちを救おう。（きが）

30 近くを航行する船舶に救助された。（せんぱく）

漢字の読み（音読み）7

月　日

／30

● 次の——線の読みをひらがなで、（　）の中に記せ。

1 新鮮な魚介類を食べると健康によい。（ぎょかいるい）

2 鑑札のついた書画を所蔵している。（かんさつ）

3 拠点を二、三か所確保する。（きょてん）

4 熱帯海域には環礁が多い。（かんしょう）

5 独立運動の先駆者をしのぶ。（せんくしゃ）

6 努力の蓄積の結果である。（ちくせき）

7 豊かな土壌に恵まれている。（どじょう）

8 摩天楼が林立している。（まてんろう）

9 子供の成長をビデオで克明に記録する。（こくめい）

10 読書に熱中して忘我の境地に浸る。（ぼうが）

11 男爵は華族の階級の一つだ。（だんしゃく）

12 需給の調整に心掛ける。（じゅきゅう）

13 さっそうと一陣の風のように走り去った。（いちじん）

14 冬の俳句の季題を歳時記で調べる。（さいじき）

□15 鉄分を多く含有する食品だ。（がんゆう）

□16 わざと変幻きわまりない行動をとる。（へんげん）

□17 概括的な説明だけでは釈然としない。（しゃくぜん）

□18 淡泊な味の料理が好きだ。（たんぱく）

□19 督促されないうちに返そう。（とくそく）

□20 延長戦はついに薄暮ゲームとなった。（はくぼ）

□21 一生を結核撲滅運動にささげた人だ。（ぼくめつ）

□22 愚痴も言わずに黙々と看病している。（ぐち）

□23 硫酸を使う実験は慎重にしよう。（りゅうさん）

□24 天から賦与された文才の持ち主だ。（ふよ）

□25 作者不詳の作品がある。（ふしょう）

□26 会社の中枢にいる人物だ。（ちゅうすう）

□27 異端者として仲間から放逐された。（ほうちく）

□28 権力の妄執に取り付かれる。（もうしゅう）

□29 走る馬が躍如として描かれている。（やくじょ）

□30 その件は寡聞にして存じません。（かぶん）

漢字の読み（音読み）8

月　日

/30

● 次の——線の読みをひらがなで、（　）の中に記せ。

* 1 太陽崇拝の信仰がある。（すうはい）
2 熟睡していて一向に起きません。（じゅくすい）
* 3 けがは漸次快方に向かっている。（ぜんじ）
* 4 客の出入りが頻繁だ。（ひんぱん）
5 彼は凡庸な人物ではない。（ぼんよう）

** 6 会員名簿の頒価は従前どおりです。（はんか）
7 かなり裕福な暮らしをしている。（ゆうふく）
* 8 傾聴すべき卓見である。（たっけん）
9 問題は複雑多岐にわたっている。（たき）
10 意地を通せば窮屈だ。（きゅうくつ）
* 11 血気盛んな若者らしい覇気に満ちている。（はき）
12 過剰な生産は価格の暴落を招く。（かじょう）
13 剛直な性格の男である。（ごうちょく）

14 吟味してそろえた食器です。（ぎんみ）

15 新機軸を盛り込んだ今までにない試案です。（しんきじく）

** 16 前途有為な若者を募る。（ゆうい）

17 販売は業者に委託する。（いたく）

18 ただの憶測にすぎない。（おくそく）

19 奇矯な言動にはただただ驚くばかりだ。（ききょう）

20 目を背けるような悲惨な光景だ。（ひさん）

* 21 閣僚の更迭が行われた。（こうてつ）

22 殉教者として今日まで尊敬されている。（じゅんきょう）

---

23 傷口が炎症を起こして痛む。（えんしょう）

24 声に抑揚をつけて話す。（よくよう）

25 栄養価の高いものを摂取しよう。（せっしゅ）

26 今は一刻も猶予すべき時ではない。（ゆうよ）

* 27 社会の安寧が保たれている。（あんねい）

28 社会人としての倫理感に乏しい。（りんり）

** 29 ひろく各界の泰斗に執筆を依頼する。（たいと）

* 30 景気浮揚の徴候が少し見えてきた。（ちょうこう）

漢字の読み（訓読み）1

月　日　／30

● 次の——線の読みをひらがなで、（　）の中に記せ。

1 会社の業績は伸びてきた。（の）

*2 家族が増えて我が家も手狭になった。（てぜま）

3 昨夜からの雪に覆われて一面の銀世界だ。（おお）

4 お暇な時にお立ち寄りください。（ひま）

5 趣のある庭園を散歩した。（おもむき）

6 予算の枠組みがほぼ出来上がった。（わくぐ）

*7 昼休みに仲間と城の外堀を一周した。（そとぼり）

8 いちばん眺めのよい所に案内します。（なが）

*9 皮肉ばかり言って嫌らしい。（いや）

10 茎の途中で切ってください。（くき）

11 古いしきたりが煩わしい。（わずら）

12 永遠に朽ちることのない名作だ。（く）

*13 廃れた繁華街の再興を図る。（すた）

14 ようやく気がついた時は既に遅かった。（すで）

** 15 夕方になると軒下に蚊柱が立つ。（かばしら）

16 卸問屋の並ぶ町は活気がみなぎっていた。（おろし）

17 荒削りな文章で面白い。（あらけず）

18 再会を固く誓いあった。（ちか）

* 19 日用品は近所で賄っている。（まかな）

20 土を盛って塚をつくった。（つか）

* 21 夜霧が立ちこめて見通しがきかない。（よぎり）

22 泥臭い服装が人目を引いた。（どろくさ）

** 23 床畳の敷いてある立派な座敷だ。（とこだたみ）

* 24 渦潮の景観に目を見張る。（うずしお）

25 雨上がりの軟らかい土に足をとられた。（やわ）

* 26 作陶の腕を競い合う。（きそ）

27 入場には許可証が要ります。（い）

28 金銭問題は友との仲を割く原因になる。（さ）

* 29 言葉を交わすことから人間関係が始まる。（か）

30 ほおをなでる春風に思わず知らず心が和む。（なご）

漢字の読み（訓読み）2

月　日　／30

● 次の――線の読みをひらがなで、（　）の中に記せ。

□＊1 花曇りの一日だった。（はなぐも）
□ 2 末娘は近郷に嫁いだ。（とつ）
□ 3 山上の早朝の冷気に身震いした。（みぶる）
□＊4 寒いと思ったら初霜がおりていた。（はつしも）
□ 5 得意な科目で点数を稼いだ。（かせ）
□ 6 食器を戸棚にしまってください。（とだな）
□＊＊7 思い出の糸を手繰る。（たぐ）
□ 8 的を絞って話をしよう。（しぼ）
□ 9 升目からはみ出さないように書く。（ますめ）
□ 10 資格を得た暁にはぜひ開業したい。（あかつき）
□＊11 明日は体育祭、但し雨天の場合は中止する。（ただ）
□ 12 熱帯の島に幻の蝶を探しに行く。（まぼろし）
□ 13 吉日に棟上げの祝いをする。（むねあ）

14 金魚鉢に藻を入れてやる。（も）

15 小包を麻縄で縛った。（あさなわ）

＊16 縁起をかついで神棚に繭玉を飾った。（まゆだま）

17 冗談とは知らず泡を食った。（あわ）

18 乙女の心は微妙に揺れる。（おとめ）

＊19 急に質問の矛先を向けられてびっくりした。（ほこさき）

20 童うたを聞くとなぜか郷愁を覚える。（わらべ）

21 伝統技術を継ぐ者が増えてほしい。（つ）

22 昼過ぎに伺うつもりです。（うかが）

---

23 おすわりをさせて犬にえさを与える。（あた）

24 凝ったデザインの切手を集めている。（こ）

25 いくらわびても償えないあやまちだ。（つぐな）

26 恥を忍んで申し上げます。（しの）

＊27 人を褒めるのが上手です。（ほ）

28 来る者は拒まず。（こば）

29 夢は英語を自由自在に操ることです。（あやつ）

＊30 相手の気分を損ねる言動はつつしもう。（そこ）

漢字の読み（訓読み）③

月　日

／30

● 次の――線の読みをひらがなで、（　）の中に記せ。

□ 1 紛らわしい表現は避けるべきだ。（まぎ）

□ ** 2 私の家は祖父の代から神主をしている。（かんぬし）

□ 3 美しい自然が滅びてゆく。（ほろ）

□ 4 朝から雲行きが怪しい。（あや）

□ 5 世渡り上手な人が多い。（よわた）

□ 6 又聞きでは信用できない。（またぎ）

□ * 7 昼をも欺く月の光だ。（あざむ）

□ 8 人には添うてみよ、馬には乗ってみよ。（そ）

□ * 9 夕映えの山を背景に写真をとる。（ゆうば）

□ * 10 鋼のような筋肉の持ち主だ。（はがね）

□ 11 健やかなご成長を祈っています。（すこ）

□ 12 歯茎の痛みで寝付かれない。（はぐき）

□ 13 自分の殻に閉じこもるな。（から）

□ ** 14 当時としては大仏を鋳るのは難しい仕事だった。（い）

□ 15 まじめで且つとても活動的な女性だ。（か）

□ 16 先生に薦められた良書です。（すす）

□ 17 局地的に竜巻が発生した。（たつまき）

* □ 18 機密が漏れる虞がある。（おそれ）

□ 19 おみやげに民芸店で唐傘を買う。（からかさ）

□ 20 荷物は部屋の片隅に押しやられた。（かたすみ）

□ 21 夕立のあと縁側に出て夕涼みをする。（すず）

□ 22 手を出し過ぎて持ち金を残らず擦ってしまった。（す）

□ 23 甘さ加減のいい汁粉だ。（しるこ）

* □ 24 喪明けの法要を済ませた。（も）

□ 25 金を殖やすのがなによりも上手な人だ。（ふ）

□ 26 相手の差し手を嫌う。（きら）

* □ 27 今回は専ら聞き役にまわっている。（もっぱ）

* □ 28 駅には宵のうちのにぎやかさが残っていた。（よい）

□ 29 ここは一つ穏やかにいきたいものだ。（おだ）

□ 30 温泉地を巡るパック旅行に参加した。（めぐ）

漢字の読み（訓読み）4

月　日

／30

● 次の――線の読みをひらがなで、（　）の中に記せ。

1 子の行く末を憂える。（うれ）

2 津波の心配はありません。（つなみ）

** 3 生け垣の刈り込みをする。（がき）

* 4 冬に備えて雑木林で薪を集める。（たきぎ）

* 5 車を運転する人に酒を強いてはいけない。（し）

6 味のしみこんだ里芋はおいしい。（さといも）

7 ようやく恵みの雨が降ってきた。（めぐ）

8 軒にはしごを掛ける。（か）

* 9 窯で焼きあげれば完成だ。（かま）

10 漆の木に触れてかぶれてしまった。（うるし）

11 生まれてこのかた患ったことがない。（わずら）

12 旅先の浜辺で珍しい貝殻を見つけた。（めずら）

** 13 きれいな絵柄の袋帯だ。（ふくろおび）

14 旅行の日程と費用を併せて検討した。（あわ）

15 腕を磨いてめきめきと上達した。（みが）

16 悔しくて唇を固くかんだ。（くちびる）

*17 玄関のお客様の履物を丁寧にそろえる。（はきもの）

18 庭の梅は遅咲きです。（おそざ）

19 一生を懸けた大事業に取り組む。（か）

*20 妹は渋皮がむけて洗練されてきた。（しぶかわ）

21 笑みを浮かべて話しかけた。（え）

22 街頭で蛇遣いの芸を見た。（へびつか）

*23 荷物を提げて駅まで行った。（さ）

24 賛成意見が多数を占めた。（し）

25 ご指導を賜り厚くお礼申しあげます。（たまわ）

26 鑑賞に堪える作品ではない。（た）

*27 虫に刺されたところがひどく膨れてきた。（ふく）

28 映画村で蔵屋敷のセットを見た。（くらやしき）

29 クスノキの花の香りが春風にのって薫ってきた。（かお）

*30 少女は髪に花を挿していた。（さ）

漢字の読み（訓読み）5

月　日

／30

● 次の――線の読みをひらがなで、（　）の中に記せ。

□ 1 時間に縛られる毎日だ。（しば）

*□ 2 懸案事項を会議に諮る。（はか）

□ 3 旧友の転居先を尋ねあてた。（たず）

**□ 4 主人自ら腕を振るって郷土料理を食ぜんに上せる。（のぼ）

□ 5 酢の物の味付けに工夫をこらした。（す）

□ 6 赤字の穴埋めが大変だ。（あなう）

□ 7 日増しに不安が募る。（つの）

*□ 8 娘婿が取り仕切ってくれた。（むすめむこ）

□ 9 いかにも生まじめな顔つきをしている。（き）

□ 10 読者の心を揺さぶる気迫のある文だ。（ゆ）

□ 11 きりっとした襟元に気品が漂う。（えりもと）

*□ 12 凸凹した道が続いている。（でこぼこ）

*□ 13 悪い評判を小耳に挟んだ。（はさ）

□ 14 市政十周年を祝って公園に八重桜の苗木を植えた。（やえ）

□ 15 ご多幸を心から祈ります。（いの）

□ 16 議論は蒸し返された。（む）

*□ 17 専門家のお墨付きをもらって自信満々だ。（すみつ）

□ 18 瀬音を聞きながらひと休みする。（せおと）

**□ 19 難局にたった一人で雄雄しく立ち向かった。（おお）

□ 20 単なる揚げ足取りに終わるのは情けない。（あ）

□ 21 会場全体に和やかな雰囲気が漂っている。（ただよ）

□ 22 両国間の溝がなくなった。（みぞ）

□ 23 本大会出場を目標に掲げて猛練習する。（かか）

□ 24 癖のない人はいない。（くせ）

□ 25 実家では毎年冬には大根を漬けている。（つ）

**□ 26 人前で赤恥をさらす。（あかはじ）

□ 27 一年で随分背丈が伸びた。（せたけ）

□ 28 一日の大半を好きな読書に費した。（ついや）

□ 29 みじんも偉ぶった態度を見せない。（えら）

*□ 30 細い目の面長な顔だちの人です。（おもなが）

漢字の読み（訓読み）⑥

月　日　　／30

● 次の——線の読みをひらがなで、（　）の中に記せ。

□ 1 期せずして観客から声援が沸き上がった。（わ）

□ 2 市役所の請負工事を引き受けた。（うけおい）

*□ 3 おみくじを境内の枝に結わえて帰った。（ゆ）

□ 4 辛口の評論で有名な人だ。（からくち）

□ 5 心にしみる潤いのある文章を書く作家だ。（うるお）

□ 6 ゆっくりと絵の具を溶かす。（と）

□ 7 平和のいしぶみを彫る。（ほ）

*□ 8 口元に飯粒がついている。（めしつぶ）

□ 9 廊下の床板を踏み鳴らす。（ゆかいた）

**□ 10 金の舞扇がすばらしい。（まいおうぎ）

□ 11 物陰でじっと息を潜めて合図を待つ。（ひそ）

*□ 12 実力もないのに口幅ったいことを言うな。（くちはば）

□ 13 逆転を願ってあえて難しい技に挑む。（いど）

14 倒木が通行の妨げになっている。（さまた）

15 そよ風に稲穂が揺れている。（いなほ・いなぼ）

16 山奥で獣道を見つける。（けものみち）

17 話は国際問題にまで及んだ。（およ）

*18 厳しい現実を見据えなければならぬ。（みす）

19 赤ん坊の柔肌に触れてみる。（やわはだ）

*20 血眼になって落とした財布を捜す。（ちまなこ）

*21 甚だ愉快な一日でした。（はなは）

22 あのときは生きた心地がしなかった。（ここち）

---

23 右から左へ筒抜けだ。（つつぬ）

24 脂身ばかり食べるのは体によくない。（あぶらみ）

25 木の間を透かして月をみる。（す）

26 静かな海岸に波の砕ける音が響く。（くだ）

*27 峠からは緩い下り坂が村まで続いていた。（ゆる）

*28 ボーナスをもらったので背広と革靴を新調した。（かわぐつ）

29 淡い水玉模様のワンピースがよく似合う。（あわ）

30 子供は天からの授かり物だ。（さず）

漢字の読み（訓読み）7

月　日

／30

● 次の――線の読みをひらがなで、（　）の中に記せ。

1 菜種油を搾りとる。（しぼ）

2 湯飲み茶わんの縁が欠けた。（ふち）

3 古い因習の鎖を断ち切ろう。（くさり）

*4 反対派の旗頭として大活躍した。（はたがしら）

5 人々の心の渇きをいやしてくれた。（かわ）

*6 鼻緒擦れができてしまった。（はなお）

7 悟りの境地に達する。（さと）

8 親に背いたこともある。（そむ）

9 手に汗を握る場面だ。（にぎ）

10 同業者が多いとどうしても共倒れになる。（ともだお）

11 路上に置いた新車が盗難に遭った。（あ）

12 岬の付け根にある小さな漁村に彼は生まれた。（みさき）

*13 工事の騒音で迷惑を被っている。（こうむ）

14 猿知恵だと笑われた。（さる）

** 15 正月に姫小松を生けた。（ひめこまつ）

16 名工の鍛えた刀である。（きた）

17 乱暴だが憎めないやつだ。（にく）

18 川ひとつ隔てた村に行く。（へだ）

19 ブドウの房に袋をかけた。（ふさ）

* 20 建坪の広いゆったりした洋風の家だ。（たてつぼ）

21 うっそうとした樹木が日の光を遮っている。（さえぎ）

* 22 どこの国でも人口は都市に偏りがちだ。（かたよ）

23 暑い夏には布目の粗い服を着用する。（あら）

---

24 知識だけが上滑りしている。（うわすべ）

25 話に夢中になって魚を黒焦げにしてしまった。（こ）

26 活字に飢えていたので、本をむさぼり読んだ。（う）

* 27 原稿の締切りに辛うじて間に合った。（かろ）

28 新しい世紀の扉が開かれようとしている。（とびら）

29 親鳥がえさをくわえて巣に戻ってきた。（もど）

* 30 たくさんのご用命ありがたく承ります。（うけたまわ）

漢字の読み（訓読み）8

月　日

／30

● 次の――線の読みをひらがなで、（　）の中に記せ。

1 悔しまぎれにベンチに戻って八つ当たりする。（くや）

** 2 闘志の塊を胸に秘めている。（かたまり）

3 乏しい資金で創業した。（とぼ）

* 4 道端の砂利のほとりの嫁菜かな（よめな）

5 名人の誉れ高い方だ。（ほま）

6 冬晴れに干潟で遊ぶ。（ひがた）

7 一時逃れの言い訳では困る。（のが）

* 8 寂れた冬の浜辺を見渡す。（さび）

* 9 今年の冬は例年になく殊更寒かった。（ことさら）

10 人は自分自身を偽ることはできない。（いつわ）

11 新聞紙上で大きく扱われてしまった。（あつか）

12 骨肉の醜いもめ事にほとほと手を焼く。（みにく）

13 すぐ話が本筋から離れてしまう。（はな）

□** 14 行列の露払いをつとめた。（つゆはら）

□ 15 悪の芽は早めに刈り取る。（か）

□ 16 程よく甘味を抑えた銘菓だ。（おさ）

□ 17 人の顔に泥を塗るな。（ぬ）

□ 18 危険が伴う仕事は敬遠されやすい。（ともな）

□* 19 夕暮れの浦風が気持ちよい。（うらかぜ）

□* 20 子供に優しくこんこんと諭して聞かせる。（さと）

□ 21 逆転されて応援団の気分も湿りがちだ。（しめ）

□ 22 いつも取り澄ました顔付きをしている。（す）

□ 23 お盆には先祖の霊を弔う。（とむら）

□ 24 徹底的に悪を懲らしめる。（こ）

□* 25 彼女は着物が似合う細面の女性です。（ほそおもて）

□ 26 川の中州でキャンプをするのは危険だ。（なかす）

□* 27 成人式にそなえて晴れ着を調える。（ととの）

□ 28 先生の学風を慕っている。（した）

□ 29 新しい橋の渡り初めのために朝早くから並ぶ。（ぞ）

□* 30 ベルを合図に速やかに集まりなさい。（すみ）

部首 1

月　日

／44

● 次の漢字の**部首**を（　）の中に記せ。

〈例〉菜（艹）　間（門）

1 寡（宀）
2 唯（口）
3 哀（口）**
4 牲（牜）
5 兼（八）**
6 蛮（虫）
7 伐（亻）
8 覆（襾）
9 謙（言）
10 泥（氵）
11 欺（欠）
12 辱（辰）*
13 盆（皿）
14 妄（女）*
15 暁（日）
16 漸（氵）
17 粛（聿）
18 和（口）*
19 奪（大）*
20 慶（心）**

番号	漢字	部首
21	冠	（冖）
22	姻	（女）
* 23	頑	（頁）
* 24	成	（戈）
25	茎	（艹）
* 26	魔	（鬼）
* 27	泰	（氺）
28	即	（卩）
29	逸	（辶）
30	礁	（石）
** 31	疑	（疋）
* 32	暫	（日）
33	虜	（虍）
* 34	武	（止）
* 35	献	（犬）
* 36	姿	（女）
* 37	堅	（土）
38	奮	（大）
* 39	且	（一）
40	媒	（女）
41	融	（虫）
42	准	（冫）
* 43	蛍	（虫）
44	砕	（石）

部首 2

月　日

／44

● 次の漢字の**部首**を（　）の中に記せ。

〈例〉菜（艹）　間（門）

1 披（扌）

2 抱（扌）

3 駄（馬）

4 糧（米）

5 斥（斤）

6 悩（忄）

** 7 勲（力）

* 8 輩（車）

9 耗（耒）

* 10 殻（殳）

* 11 穀（禾）

12 寧（宀）

* 13 恥（心）

14 錬（釒）

15 賄（貝）

16 廃（广）

* 17 頒（頁）

* 18 放（攵）

19 佐（亻）

* 20 璽（玉）

番号	印	漢字	部首
21		昆	（日）
22	*	裂	（衣）
23	*	酒	（酉）
24		謁	（言）
25		縛	（糸）
26	*	嗣	（口）
27	*	充	（儿）
28		粘	（米）
29		戻	（戸）
30		凍	（冫）
31	**	勝	（力）
32		闘	（門）
33		赴	（走）
34	*	幣	（巾）
35	*	敷	（攵）
36		傘	（人）
37		盗	（皿）
38		翁	（羽）
39	*	致	（至）
40		吟	（口）
41		擬	（扌）
42	*	功	（力）
43		錘	（金）
44	*	六	（八）

部首 ③

月　日

／44

● 次の漢字の**部首**を（　）の中に記せ。

〈例〉菜（艹）　間（門）

1 * 剖（刂）

2 尉（寸）

3 ** 凹（凵）

4 塑（土）

5 淑（氵）

6 * 帥（巾）

7 ** 甚（甘）

8 拒（扌）

9 * 窯（穴）

10 妥（女）

11 薦（艹）

12 * 賓（貝）

13 洞（氵）

14 市（巾）

15 * 奏（大）

16 呈（口）

17 迭（辶）

18 亭（亠）

19 * 彰（彡）

20 禍（礻）

* 21	* 22	23	* 24	* 25	26
雑	顧	栓	烈	懲	漠
（隹）	（頁）	（木）	（灬）	（心）	（氵）

* 27	28	* 29	30	* 31	* 32
壌	矯	画	雰	升	忍
（土）	（矢）	（田）	（⻗）	（十）	（心）

* 33	34	35	36	37	38
弔	膨	閑	徹	享	賠
（弓）	（月）	（門）	（彳）	（亠）	（貝）

39	40	41	** 42	43	44
寛	襟	爵	恭	荘	槽
（宀）	（衤）	（爫）	（⺗）	（艹）	（木）

部首 4

月　日

／44

次の漢字の**部首**を（　）の中に記せ。

〈例〉菜（艹）　間（門）

1 ☐ 崎（山）
2 ☐ 頻（頁）
3 ☐* 夜（夕）
4 ☐ 捜（扌）

5 ☐ 拙（扌）
6 ☐** 謄（言）
7 ☐* 悠（心）
8 ☐ 悟（忄）

9 ☐* 畜（田）
10 ☐ 硫（石）
11 ☐ 抑（扌）
12 ☐ 販（貝）
13 ☐ 猶（犭）
14 ☐* 畝（田）

15 ☐ 丙（一）
16 ☐ 勅（力）
17 ☐* 誓（言）
18 ☐* 摩（手）
19 ☐ 没（氵）
20 ☐ 篤（⺮）

21 緩（糸）
22 俸（亻）
23 罷（罒）
*24 看（目）
25 扶（扌）
26 菌（艹）

27 措（扌）
28 閥（門）
29 嚇（口）
30 滝（氵）
31 駆（馬）
*32 塁（土）

33 鈴（金）
*34 裏（衣）
35 企（人）
36 塾（土）
37 粋（米）
*38 貞（貝）

*39 匁（勹）
*40 分（刀）
**41 凸（凵）
42 催（亻）
*43 帝（巾）
44 斎（斉）

同音・同訓異字 1

月　日　/33

●次の——線のカタカナにあてはまる漢字をそれぞれのア〜オから選び、記号を（　）に記入せよ。

1 有名な画ハクの絵である。（イ）
2 活字ばなれにハク車をかける。（ウ）
3 漂ハクの歌人として有名だ。*（オ）
（ア 白　イ 伯　ウ 拍　エ 舶　オ 泊）

4 糖衣ジョウの薬は飲みやすい。*（ア）
5 ジョウ談を言って人を笑わせる。（イ）
6 ジョウ歩して合意に達した。（オ）
（ア 錠　イ 冗　ウ 嬢　エ 畳　オ 譲）

7 サイ促されないうちに提出せよ。（イ）
8 サイ相にふさわしい行動をとる。（ウ）
9 国サイ色豊かな都市だ。（ア）
（ア 際　イ 催　ウ 宰　エ 債　オ 最）

10 何事も忍タイが大切だ。（エ）
11 若い力のタイ動が感じられる。**（オ）
12 病はこの地方一タイに広がった。（ウ）
（ア 態　イ 体　ウ 帯　エ 耐　オ 胎）

13 条約テイ結のため渡米する。（オ）
14 探テイ小説を読むのが好きだ。（ア）
15 数年来、収穫がテイ減する。**（エ）
（ア 偵　イ 廷　ウ 貞　エ 逓　オ 締）

16 故人の一周**キ**の法要を営む。
17 **キ**幹産業の発展に寄与した。
18 人生の**キ**路に立っている。
（ア 基 イ 忌 ウ 幾 エ 軌 オ 岐）

（イ）（ア）（オ）

19 **ソウ**重に儀式は執り行われた。
20 法**ソウ**界の重鎮である。
21 浴**ソウ**に水をはる。
（ア 遭 イ 曹 ウ 荘 エ 壮 オ 槽）

（ウ）（イ）（オ）

22 利害を**チョウ**越した行動をとる。
23 **チョウ**躍力にすぐれた選手だ。
24 声に特**チョウ**のある人だ。
（ア 超 イ 跳 ウ 脹 エ 徴 オ 丁）

（ア）（イ）（エ）

25 とても意**シ**の強い人であった。
26 種も**シ**掛けもない。
27 同窓会に恩**シ**を招いた。
（ア 士 イ 師 ウ 旨 エ 志 オ 仕）

（エ）（オ）（イ）

28 弓矢を持って**カ**りに出かけた。
29 牧草の**カ**り取りをしている。
30 不安に**カ**られて眠れない。
（ア 枯 イ 借 ウ 刈 エ 狩 オ 駆）

（エ）（ウ）（オ）

31 **フ**りそでで式に出席した。
32 氏名を**フ**せて番号で発表する。
33 前例を**フ**まえて話し合う。
（ア 踏 イ 殖 ウ 振 エ 伏 オ 触）

（ウ）（エ）（ア）

同音・同訓異字 2

月　日

/33

次の――線のカタカナにあてはまる漢字をそれぞれのア～オから選び、記号を（　）に記入せよ。

1 ごソウ健で何よりです。（ア）
2 深夜までソウ索は続けられた。（ウ）
3 山ソウにこもって制作に励む。（エ）
（ア 壮　イ 挿　ウ 捜　エ 荘　オ 掃）

4 工芸品をタン念に仕上げる。（オ）
5 すばらしい出来ばえに驚タンした。（ア）
6 魂タンは見え透いている。（イ）
（ア 嘆　イ 胆　ウ 鍛　エ 担　オ 丹）

7 新しい年を迎えて感ガイ無量だ。（ウ）
8 どの条件にもガイ当しない。（イ）
9 事件のガイ略を述べる。（ア）
（ア 概　イ 該　ウ 慨　エ 外　オ 街）

10 あの店はレン価販売で有名だ。（イ）
11 小説を雑誌にレン載する。（エ）
12 当工場で屈指の熟レン者です。（オ）
（ア 恋　イ 廉　ウ 錬　エ 連　オ 練）

13 解ボウして死因を調べる。（エ）
14 若いころボウ績工場で働いた。（イ）
15 ボウ紙が特だねをスクープした。（ア）
（ア 某　イ 紡　ウ 房　エ 剖　オ 謀）

□ 16 子供会の趣シに賛同する。（ア）
□ 17 社会福シの仕事に取りくむ。（オ）
**□ 18 政府のシ問機関として設けられた。（イ）
（ア 旨 イ 諮 ウ 支 エ 史 オ 祉）

□ 19 本物かどうかをカン定してもらう。（オ）
*□ 20 会計カン査を依頼する。（エ）
□ 21 満場のカン衆はどっとわいた。（ア）
（ア 観 イ 勧 ウ 看 エ 監 オ 鑑）

□ 22 土ジョウが汚染された。（オ）
**□ 23 人口過ジョウで食糧が不足する。（ウ）
□ 24 汚水をジョウ化して流す。（エ）
（ア 譲 イ 錠 ウ 剰 エ 浄 オ 壌）

*□ 25 出場選手をコ舞する。（オ）
□ 26 栄コ盛衰は世の常だ。（イ）
*□ 27 往時を回コする。（ウ）
（ア 誇 イ 枯 ウ 顧 エ 雇 オ 鼓）

*□ 28 オ頭付きのタイで入社を祝う。（エ）
□ 29 勝ってかぶとのオを締めよ。（ウ）
□ 30 今朝、オ牛がうまれた。（イ）
（ア 御 イ 雄 ウ 緒 エ 尾 オ 小）

□ 31 腰をスえてじっくり話を聞く。（エ）
*□ 32 小犬が鼻をスりつけてきた。（オ）
□ 33 紙幣のスかしを確かめる。（ア）
（ア 透 イ 刷 ウ 澄 エ 据 オ 擦）

同音・同訓異字 ③

月　日

／33

次の——線のカタカナにあてはまる漢字をそれぞれのア〜オから選び、記号を（　）に記入せよ。

1 巻末の総サク引で用例を探す。（ア）
2 防災対サクを立てる。（オ）
*3 あの茶室は造サクがみごとだ。（エ）
（ア索　イ錯　ウ削　エ作　オ策）

4 会のボウ頭にあいさつした。（エ）
5 彼の熱心さには脱ボウする。（イ）
*6 陰ボウが露見した。（ウ）
（ア防　イ帽　ウ謀　エ冒　オ妨）

**7 波ロウ注意報が発令された。（エ）
8 屋上からロウ水しているようだ。（ア）
*9 砂上のロウ閣のような計画だ。（ウ）
（ア漏　イ廊　ウ楼　エ浪　オ朗）

10 家庭的なフン囲気の職場だ。（エ）
*11 あまりの身勝手にフン慨する。（イ）
12 両国間のフン争を解決する。（オ）
（ア噴　イ憤　ウ墳　エ雰　オ紛）

13 初物のリンゴが入カした。（ウ）
14 誤りのカ所はどこですか。（オ）
15 寸カを惜しんで勉強している。（イ）
（ア華　イ暇　ウ荷　エ果　オ箇）

16 観客は名演技に陶スイした。
17 紡スイ形の大きな柱だ。
18 一年間自スイ生活をした。
（ア 炊 イ 錘 ウ 酔 エ 帥 オ 粋）
〔ウ〕〔イ〕〔ア〕

19 成功をキ念して乾杯する。
20 青白い光キを放つ星だ。
21 キ重な体験をした。
（ア 祈 イ 輝 ウ 貴 エ 紀 オ 幾）
〔ア〕〔イ〕〔ウ〕

22 事件の解決のケイ機となる。
23 事件がケイ続して起こった。
24 ケイ勝の地を訪ねた。
（ア 警 イ 継 ウ 契 エ 景 オ 渓）
〔ウ〕〔イ〕〔エ〕

---

25 総理大臣に答シンする。
26 中国料理に香シン料は欠かせない。
27 事はシン重を要する。
（ア 慎 イ 伸 ウ 心 エ 辛 オ 申）
〔オ〕〔エ〕〔ア〕

28 眼光鋭く人をイるようだ。
29 子供の養育には多大なお金がイる。
30 我が家はたいへんイ心地が良い。
（ア 入 イ 鋳 ウ 射 エ 要 オ 居）
〔ウ〕〔エ〕〔オ〕

31 失敗をして少しコりたようだ。
32 最近よく肩がコる。
33 別れた母を恋いコがれる。
（ア 込 イ 懲 ウ 凝 エ 焦 オ 越）
〔イ〕〔ウ〕〔エ〕

同音・同訓異字 4

月　日

/33

次の——線のカタカナにあてはまる漢字をそれぞれのア〜オから選び、記号を（　）に記入せよ。

*1 読んで**ケイ**発されるような本だ。（ウ）
2 汚職事件が新聞に**ケイ**載された。（ア）
3 **ケイ**帯電話が普及している。（オ）
（ア 掲　イ 憩　ウ 啓　エ 継　オ 携）

4 哀**シュウ**を帯びた詩である。（エ）
5 人前でシュウ**態を演じた。（ア）
6 過分の報**シュウ**を頂いた。（イ）
（ア 醜　イ 酬　ウ 秀　エ 愁　オ 臭）

7 一年間、**カイ**勤だった。（エ）
*8 日本文学を外国に紹**カイ**する。（イ）
9 疑いは直ちに氷**カイ**した。（ウ）
（ア 会　イ 介　ウ 解　エ 皆　オ 階）

10 大いに国威を宣ヨウ**する。（イ）
11 これは凡**ヨウ**な作品だ。（エ）
12 心の動**ヨウ**を沈めよう。（ア）
（ア 揺　イ 揚　ウ 容　エ 庸　オ 養）

13 平和に**コウ**献した人々を表彰する。（ア）
14 平**コウ**感覚が人より少し鈍い。（イ）
*15 彼の意見は首**コウ**できる。（オ）
（ア 貢　イ 衡　ウ 硬　エ 拘　オ 肯）

16 食品業界への進出をキ図する。（イ）
17 キ得権を奪う内容だ。（ア）
18 全く常キを超えた言動だ。（ウ）
（ア 既 イ 企 ウ 軌 エ 祈 オ 忌）

19 計画は水ホウに帰した。（イ）
20 不況でホウ給も上がらない。（ウ）
21 ホウ名録にご署名ください。（エ）
（ア 奉 イ 泡 ウ 俸 エ 芳 オ 封）

22 準備タイ勢を整えて待つ。（イ）
23 色彩のタイ比がおもしろい絵だ。（オ）
24 その日に犯人をタイ捕した。（ウ）
（ア 代 イ 態 ウ 逮 エ 怠 オ 対）

---

25 エン暑をおして外出する。（エ）
26 創立記念の祝エンが行われた。（ウ）
27 正月にエン起物を買った。（オ）
（ア 沿 イ 塩 ウ 宴 エ 炎 オ 縁）

28 上着とネクタイとがツりあっている。（ウ）
29 せん定ばさみで小枝をツみ取る。（ア）
30 ぬるま湯にどっぷりとツかる。（エ）
（ア 摘 イ 尽 ウ 釣 エ 漬 オ 詰）

31 巡回車で火災防止を呼びカけた。（エ）
32 食堂と居間をカねた部屋です。（オ）
33 カえ着を準備してください。（ウ）
（ア 変 イ 欠 ウ 替 エ 掛 オ 兼）

同音・同訓異字 5

月　日　／33

次の――線のカタカナにあてはまる漢字をそれぞれのア～オから選び、記号を（　）に記入せよ。

1 社長がソウ儀委員長を務める。（ア）
2 ソウ眼鏡で水鳥を観察する。（イ）
3 早朝に公園をソウ除した。（オ）
（ア 葬　イ 双　ウ 騒　エ 燥　オ 掃）

4 時代サク誤の考え方を改める。（ウ）
5 実験にはサク酸を使用する。（エ）
6 文章を添サクしてもらった。（イ）
（ア 策　イ 削　ウ 錯　エ 酢　オ 索）

7 ボウ大な資料を調査する。（ア）
8 無ボウなことをしてはならない。（イ）
9 選挙ボウ害を摘発する。（オ）
（ア 膨　イ 謀　ウ 冒　エ 暴　オ 妨）

10 カイ恨の涙をながしても遅い。（オ）
11 団カイの世代に属している。（イ）
12 カイ滅的な打撃を受ける。（エ）
（ア 懐　イ 塊　ウ 戒　エ 壊　オ 悔）

13 ユウ揚迫らぬ物腰の人だ。（オ）
14 社内のユウ和を図りたい。（ア）
15 ユウ慮すべき事態になった。（エ）
（ア 融　イ 幽　ウ 勇　エ 憂　オ 悠）

16 学校の推ショウする図書です。（ア）
17 作者未ショウの古い歌です。（オ）
18 不注意が重大な不ショウ事を招く。（エ）
（ア 奨　イ 肖　ウ 渉　エ 祥　オ 詳）

19 義ケイの勤め先に電話する。（ウ）
20 養ケイで暮らしを立てる。（イ）
21 十分間の休ケイを取る。（エ）
（ア 刑　イ 鶏　ウ 兄　エ 憩　オ 掲）

22 土台に防フ剤をぬる。（ウ）
23 体の調子はフ通でない。（オ）
24 動物は皮フからも呼吸している。（ア）
（ア 膚　イ 付　ウ 腐　エ 賦　オ 普）

---

25 患部に薬をト布する。（エ）
26 前ト有望な新人が多く入賞した。（イ）
27 真情をト露した手紙をもらった。（ウ）
（ア 登　イ 途　ウ 吐　エ 塗　オ 渡）

28 だれにでもスかれる人だ。（ウ）
29 気がスむまでさせておこう。（ア）
30 スみきった秋の空だ。（オ）
（ア 済　イ 刷　ウ 好　エ 住　オ 澄）

31 風雨をツいて出発した。（エ）
32 ホテルにツめて原稿を仕上げた。（ア）
33 環境保護に全力をツくす。（オ）
（ア 詰　イ 就　ウ 継　エ 突　オ 尽）

同音・同訓異字 ⑥

月　日　／33

次の――線のカタカナにあてはまる漢字をそれぞれのア〜オから選び、記号を（　）に記入せよ。

1 豪カな邸宅に住んでいる。（イ）
2 応募した作品が選外カ作になる。（ア）
3 事務室に電話をカ設する。（オ）
（ア 佳　イ 華　ウ 加　エ 花　オ 架）

4 人権ヨウ護に尽力している。（エ）
5 開会式に国旗を掲ヨウした。（イ）
6 民族舞ヨウの名手だった。（ア）
（ア 踊　イ 揚　ウ 揺　エ 擁　オ 謡）

7 問題のカク心にふれる。（ア）
8 地カク変動で地震が起こる。（ウ）
9 威カク射撃を行う。（オ）
（ア 核　イ 郭　ウ 殻　エ 隔　オ 嚇）

10 部下の心をショウ握する。（ウ）
11 レンズのショウ点を合わせる。（エ）
12 警ショウを乱打する。（オ）
（ア 昇　イ 詳　ウ 掌　エ 焦　オ 鐘）

13 トウ乗員の点呼を取る。（エ）
14 戸籍トウ本を添えて提出する。（イ）
15 犠牲者の追トウ会を開く。（ウ）
（ア 塔　イ 謄　ウ 悼　エ 搭　オ 騰）

16 事実がかなり**コ**張されている。　（ア）
17 * 絶海に浮かぶ**コ**島である。　（ウ）
18 中国の**コ**事を学習する。　（イ）
（ア 誇　イ 故　ウ 孤　エ 古　オ 弧）

19 理論より実**セン**を優先する。　（エ）
20 ** 風俗の変**セン**について調べる。　（イ）
21 美しい**セン**律に聴きほれる。　（ア）
（ア 旋　イ 遷　ウ 選　エ 践　オ 戦）

22 古い貨幣を改**チュウ**する。　（オ）
23 海外支店の**チュウ**在員となった。　（ア）
24 ** **チュウ**心より感謝いたします。　（エ）
（ア 駐　イ 仲　ウ 忠　エ 衷　オ 鋳）

25 お互いに意見を交**カン**した。　（イ）
26 * ご自由にご**カン**談ください。　（ウ）
27 辞職を**カン**告された。　（エ）
（ア 観　イ 換　ウ 歓　エ 勧　オ 喚）

28 落雷で大木が**サ**けた。　（オ）
29 * 鼻を**サ**すようなにおいがする。　（ウ）
30 混雑を**サ**けて早朝に出発した。　（ア）
（ア 避　イ 咲　ウ 刺　エ 差　オ 裂）

31 * 野菜の天ぷらを**ア**げる。　（オ）
32 お祝いの品物をさし**ア**げる。　（イ）
33 具体的な例を**ア**げる。　（エ）
（ア 明　イ 上　ウ 開　エ 挙　オ 揚）

同音・同訓異字 7

月　日　／33

●次の――線のカタカナにあてはまる漢字をそれぞれのア～オから選び、記号を（　）に記入せよ。

*1 家は郊外の丘**リョウ**地帯にある。（ア）
2 昔は狩**リョウ**で暮らしていた。（ウ）
3 事前に**リョウ**承を得た。（イ）
（ア 陵　イ 了　ウ 猟　エ 料　オ 糧）

4 社長の**ショウ**像画を飾る。（ア）
5 不当な干**ショウ**を受ける。（イ）
6 天皇が開会のショウ**書を読まれる。（オ）
（ア 肖　イ 渉　ウ 粧　エ 掌　オ 詔）

7 **ソ**暴な言動を慎む。（ウ）
*8 新庁舎の定**ソ**式を執り行う。（エ）
9 迷わず告**ソ**に踏み切った。（イ）
（ア 措　イ 訴　ウ 粗　エ 礎　オ 祖）

*10 **カン**に頼って行動した。（エ）
11 **カン**容な態度で人に接する。（ア）
12 利益を投資家に**カン**元する。（ウ）
（ア 寛　イ 款　ウ 還　エ 勘　オ 換）

13 樹**レイ**五百年を数える老木だ。（イ）
*14 **レイ**峰富士をあがめる。（オ）
*15 早寝早起きを**レイ**行しよう。（エ）
（ア 零　イ 齢　ウ 礼　エ 励　オ 霊）

16 三セキの貨物船が帰港した。　（ウ）
17 日本国セキを得て活躍している。　（ア）
18 セキ別の情を禁じ得ない。　（オ）
（ア 籍　イ 斥　ウ 隻　エ 跡　オ 惜）

19 野菜を露地栽バイする。　（エ）
20 バイ償金を支払う。　（オ）
21 バイ審員に選ばれた。　（ウ）
（ア 倍　イ 媒　ウ 陪　エ 培　オ 賠）

22 授業中スイ魔に襲われる。　（オ）
23 文明がスイ退した時期もあった。　（ア）
24 総スイが全軍を指揮する。　（イ）
（ア 衰　イ 帥　ウ 酔　エ 遂　オ 睡）

25 収益に下降ケイ向が見える。　（イ）
26 ケイ服すべき貴重な意見だ。　（エ）
27 自然の恩ケイに浴している。　（オ）
（ア 計　イ 傾　ウ 啓　エ 敬　オ 恵）

28 大幅に経費を引きシめる。　（ア）
29 土地を買いシめて大損した。　（イ）
30 自ら首をシめるようなものだ。　（エ）
（ア 締　イ 占　ウ 閉　エ 絞　オ 強）

31 物価がハね上がった。　（エ）
32 名人の名にハじない作品だ。　（ア）
33 値がハる品物だ。　（イ）
（ア 恥　イ 張　ウ 果　エ 跳　オ 吐）

熟語の構成

1

月　日

／60

熟語の構成のしかたには次のようなものがある。

ア　同じような意味の漢字を重ねたもの（**岩石**）
イ　反対または対応の意味を表す字を重ねたもの（**高低**）
ウ　上の字が下の字を修飾しているもの（**洋画**）
エ　下の字が上の字の目的語・補語になっているもの（**着席**）
オ　主語と述語の関係にあるもの（**国立**）
カ　上の字が下の字の意味を打ち消しているもの（**無数**）

次の**熟語**はそのどれにあたるか、**記号**を（　）に記入せよ。

1 挑戦（エ）
2 妙齢（ウ）
3 ＊＊逝去（ア）
4 国有（オ）
5 ＊贈賄（エ）
6 ＊妊娠（ア）
7 麗句（ウ）
8 添削（イ）
9 献金（エ）
10 哀楽（イ）

11 未婚（カ）
12 人造（オ）
13 喫茶（エ）
14 享楽（エ）
15 厄年（ウ）
16 祈念（ア）
17 ＊分析（ア）
18 ＊＊遺漏（ア）
19 ＊衆寡（イ）
20 辞意（ウ）

21 通学（エ）
22 抑揚（イ）
23 陥没（ア）
** 24 弾劾（ア）
* 25 絶佳（ウ）
26 抜歯（エ）
27 省略（ア）
* 28 唯一（ウ）
* 29 年長（オ）
30 漆黒（ウ）

* 31 賓客（ア）
32 無粋（カ）
33 譲位（エ）
34 破裂（ア）
35 清濁（イ）
** 36 酪農（ウ）
* 37 質疑（エ）
38 推奨（ア）
39 凸面（ウ）
* 40 授受（イ）

41 遭難（エ）
* 42 質朴（ア）
43 頻発（ウ）
44 頻繁（ア）
45 不況（カ）
46 存廃（イ）
* 47 奔馬（ウ）
48 露顕（ア）
49 模擬（ア）
** 50 庶民（ウ）

51 醜態（ウ）
52 不妊（カ）
* 53 亜流（ウ）
54 迷惑（ア）
55 殉教（エ）
56 珠玉（ア）
* 57 雷鳴（オ）
58 禍福（イ）
59 遅刻（エ）
60 真偽（イ）

熟語の構成 2

月　日

/60

熟語の構成のしかたには次のようなものがある。

ア　同じような意味の漢字を重ねたもの（岩石）
イ　反対または対応の意味を表す字を重ねたもの（高低）
ウ　上の字が下の字を修飾しているもの（洋画）
エ　下の字が上の字の目的語・補語になっているもの（着席）
オ　主語と述語の関係にあるもの（国立）
カ　上の字が下の字の意味を打ち消しているもの（非才）

次の熟語はそのどれにあたるか、記号を（　）に記入せよ。

1 殺菌（エ）
2 巧拙（イ）
3 弊履（ウ）**
4 美醜（イ）
5 抽象（エ）*
6 剰余（ア）*
7 王妃（ウ）
8 退寮（エ）
9 哀悼（ア）
10 官営（オ）

11 租税（ア）
12 懇請（ウ）
13 未遂（カ）
14 親疎（イ）
15 融資（エ）**
16 遮光（エ）
17 負担（ア）*
18 国賓（ウ）
19 擬似（ア）
20 天授（オ）*

□ 21 隠匿（ア）*
□ 22 多寡（イ）
□ 23 開廷（エ）
□ 24 分別（ア）
□ 25 枢要（ア）**
□ 26 去就（イ）
□ 27 邸宅（ア）
□ 28 猿人（ウ）*
□ 29 落涙（エ）
□ 30 凶報（ウ）

□ 31 定評（ウ）*
□ 32 非凡（カ）
□ 33 違約（エ）
□ 34 降壇（エ）
□ 35 年少（オ）
□ 36 愉悦（ア）
□ 37 必携（ウ）
□ 38 伸縮（イ）
□ 39 実践（ウ）
□ 40 謙譲（ア）*

□ 41 競技（エ）
□ 42 逓減（ウ）**
□ 43 殉職（エ）
□ 44 閑暇（ア）
□ 45 優劣（イ）
□ 46 遷都（エ）
□ 47 民営（オ）*
□ 48 均衡（ア）*
□ 49 浄財（ウ）
□ 50 非常（カ）

□ 51 鶏鳴（オ）
□ 52 親展（ウ）
□ 53 寛厳（イ）*
□ 54 護身（エ）
□ 55 不浄（カ）
□ 56 抹茶（ウ）*
□ 57 頻出（ウ）*
□ 58 丘陵（ア）
□ 59 即効（ウ）
□ 60 減量（エ）

熟語の構成 3

月　日

／60

●熟語の構成のしかたには次のようなものがある。

ア　同じような意味の漢字を重ねたもの　（岩石）
イ　反対または対応の意味を表す字を重ねたもの　（高低）
ウ　上の字が下の字を修飾しているもの　（洋画）
エ　下の字が上の字の目的語・補語になっているもの　（着席）
オ　主語と述語の関係にあるもの　（国立）
カ　上の字が下の字の意味を打ち消しているもの　（不覚）

次の熟語はそのどれにあたるか、記号を（　）に記入せよ。

1 献呈（ア）
2 振鈴（エ）
3 性急（オ）*
4 座礁（エ）*
5 棋譜（ウ）
6 疎密（イ）
7 詔勅（ア）**
8 奔流（ウ）
9 剛健（ア）
10 未熟（カ）

11 国璽（ウ）**
12 起伏（イ）
13 全滅（ウ）
14 不遇（カ）
15 懐古（エ）*
16 憂愁（ア）
17 密約（ウ）
18 難渋（ア）*
19 脱皮（エ）
20 経緯（イ）

☐ ** 21 辞典（ウ）
☐ 22 造幣（エ）
☐ 23 廉価（ウ）
☐ 24 捜索（ア）
☐ 25 栄華（ア）
☐ * 26 点滅（イ）
☐ * 27 匿名（エ）
☐ 28 国営（オ）
☐ 29 涼風（ウ）
☐ 30 罷免（ア）

☐ 31 凡庸（ア）
☐ 32 哀愁（ア）
☐ 33 来賓（ウ）
☐ * 34 佳境（ウ）
☐ 35 赴任（エ）
☐ 36 均等（ア）
☐ * 37 方円（イ）
☐ 38 非核（カ）
☐ 39 失策（エ）
☐ 40 是非（イ）

☐ 41 繁閑（イ）
☐ ** 42 苦衷（ウ）
☐ 43 旋回（ア）
☐ * 44 無窮（カ）
☐ 45 皮膚（ア）
☐ * 46 公営（オ）
☐ 47 飢餓（ア）
☐ 48 首尾（イ）
☐ 49 耐震（エ）
☐ 50 崇仏（エ）

☐ 51 検疫（エ）
☐ 52 存亡（イ）
☐ 53 厳禁（ウ）
☐ * 54 争覇（エ）
☐ * 55 性善（オ）
☐ * 56 余剰（ア）
☐ 57 仙境（ウ）
☐ 58 無謀（カ）
☐ 59 豪雪（ウ）
☐ * 60 迅速（ア）

熟語の構成 4

月　日

／60

●熟語の構成のしかたには次のようなものがある。

ア　同じような意味の漢字を重ねたもの（岩石）
イ　反対または対応の意味を表す字を重ねたもの（高低）
ウ　上の字が下の字を修飾しているもの（洋画）
エ　下の字が上の字の目的語・補語になっているもの（着席）
オ　主語と述語の関係にあるもの（国立）
カ　上の字が下の字の意味を打ち消しているもの（未踏）

次の**熟語**はそのどれにあたるか、**記号**を（　）に記入せよ。

1　独酌（ウ）
2　*環礁（ウ）
3　罷業（エ）
4　無菌（カ）
5　*叙景（エ）
6　慶弔（イ）
7　*距離（ア）
8　逸品（ウ）
9　犠牲（ア）
10　普及（ウ）

11　不祥（カ）
12　虚実（イ）
13　*漸進（ウ）
14　*報酬（ア）
15　日照（オ）
16　互選（ウ）
17　**提訴（エ）
18　諾否（イ）
19　威嚇（ア）
20　*彰徳（エ）

☐ * 21 直轄（ウ）
☐ 22 滅亡（ア）
☐ 23 渉外（エ）
☐ 24 俊秀（ア）
☐ 25 帰還（ア）
☐ 26 収支（イ）
☐ * 27 宣誓（エ）
☐ 28 甲殻（ア）
☐ 29 無我（カ）
☐ 30 県営（オ）

☐ 31 架橋（エ）
☐ 32 喪失（ア）
☐ 33 収賄（エ）
☐ * 34 独吟（ウ）
☐ 35 府立（オ）
☐ 36 研磨（ア）
☐ ** 37 公僕（ウ）
☐ 38 撤兵（エ）
☐ * 39 網羅（ア）
☐ 40 酷似（ウ）

☐ 41 屈伸（イ）
☐ * 42 覇業（ウ）
☐ 43 墜落（ア）
☐ * 44 衝突（ア）
☐ ** 45 矯風（エ）
☐ 46 災厄（ア）
☐ 47 栄辱（イ）
☐ 48 製缶（エ）
☐ 49 扶助（ア）
☐ 50 乗除（イ）

☐ 51 急逝（ウ）
☐ 52 没我（エ）
☐ 53 霊魂（ア）
☐ ** 54 詐称（ウ）
☐ 55 往還（イ）
☐ * 56 非力（カ）
☐ * 57 媒介（ア）
☐ 58 日没（オ）
☐ 59 暗礁（ウ）
☐ 60 雅俗（イ）

漢字識別 1

月　日

/20

1 次の1～5の三つの□に**共通する漢字**を入れて熟語を作れ。漢字は**ア～コ**から選び、記号を（　）に記入せよ。

1 □入・紹□・仲□　（イ）

2 絶□・□通・□響楽　（ケ）

*3 信□・□公・□行　（コ）

**4 □修・草□・□歴　（オ）

5 散□・□脱・□品　（カ）

ア 挿	イ 介	ウ 精	エ 大	オ 履
カ 逸	キ 薬	ク 必	ケ 交	コ 奉

2 次の1～5の三つの□に**共通する漢字**を入れて熟語を作れ。漢字は**ア～コ**から選び、記号を（　）に記入せよ。

1 □傷・哀□・郷□　（ケ）

2 撤□・□止・□案　（オ）

*3 □術・□従・残□　（キ）

4 □限・電□・□彩色　（ウ）

5 暗□・□事・□念碑　（イ）

ア 惜	イ 記	ウ 極	エ 退	オ 廃
カ 魔	キ 忍	ク 際	ケ 愁	コ 示

3 次の1〜5の三つの□に**共通する漢字**を入れて熟語を作れ。漢字は**ア〜コ**から選び、記号を（ ）に記入せよ。

1 □僧・座□・友□ （ウ） *
2 □気・安□・冬□ （エ）
3 武□・□章・殊□ （イ）
4 □星・□幕・大□柱 （ケ）
5 □情・本□・老婆□ （ク）

ア 臭	イ 勲	ウ 禅	エ 眠	オ 高
カ 天	キ 薄	ク 心	ケ 黒	コ 紋

---

4 次の1〜5の三つの□に**共通する漢字**を入れて熟語を作れ。漢字は**ア〜コ**から選び、記号を（ ）に記入せよ。

1 □立・貢□・□金 （オ） *
2 □突・要□・□動的 （ア）
3 断□・□願・正□場 （イ）
4 □奮・復□・即□ （ク）
5 □立・抱□・□護 （コ） **

ア 衝	イ 念	ウ 激	エ 絶	オ 献
カ 創	キ 孤	ク 興	ケ 発	コ 擁

漢字識別 2

月　日

/20

1 次の1〜5の三つの□に**共通する漢字**を入れて熟語を作れ。漢字は**ア〜コ**から選び、記号を（　）に記入せよ。

1 □礼・月□・慰□料（イ）
2 濃□・□氷・□笛（キ）
*3 罷□・□許・□除（オ）
4 □勲・□述・自□伝（エ）
*5 行□・人□・□政（ク）

ア 面	イ 謝	ウ 楽	エ 叙	オ 免
カ 婚	キ 霧	ク 為	ケ 厚	コ 殊

2 次の1〜5の三つの□に**共通する漢字**を入れて熟語を作れ。漢字は**ア〜コ**から選び、記号を（　）に記入せよ。

*1 □落・撃□・失□（ケ）
2 更□・□装・□食住（エ）
3 風□・優□・□号（イ）
4 無□・□略・陰□（カ）
5 音□・□譜・管弦□（オ）

ア 生	イ 雅	ウ 越	エ 衣	オ 楽
カ 謀	キ 堕	ク 償	ケ 墜	コ 妨

3

次の1～5の三つの□に**共通する漢字**を入れて熟語を作れ。漢字は**ア～コ**から選び、記号を（　）に記入せよ。

*1 困□・□地・□屈（イ）
2 □者・制□・□権（キ）
3 相□・□時・妥□（エ）
**4 □航・至□・□問（ク）
5 躍□・欠□・□才（オ）

ア 就	イ 窮	ウ 惑	エ 当	オ 如
カ 陥	キ 覇	ク 難	ケ 克	コ 患

4

次の1～5の三つの□に**共通する漢字**を入れて熟語を作れ。漢字は**ア～コ**から選び、記号を（　）に記入せよ。

1 □案・□技・絶□（ウ）
*2 □成・吟□・□造酒（ケ）
3 鼻□・端□・□戦（イ）
4 □出・開□・□物線（カ）
*5 射□・□中・□確（オ）

ア 熟	イ 緒	ウ 妙	エ 試	オ 的
カ 放	キ 摘	ク 腹	ケ 醸	コ 孔

漢字識別 ３

月　日

／20

1 次の1～5の三つの□に**共通する漢字**を入れて熟語を作れ。漢字は**ア～コ**から選び、記号を（　）に記入せよ。

1 □球・□弱・柔□　（キ）

2 □沢・利□・□滑油　（ア）

3 □福・富□・余□　（カ）

4 □棚・□膜・漁□　（オ）

*5 推□・□励・□学金　（ク）

ア 潤　イ 恵　ウ 卓　エ 勉　オ 網
カ 裕　キ 軟　ク 奨　ケ 鼓　コ 祝

2 次の1～5の三つの□に**共通する漢字**を入れて熟語を作れ。漢字は**ア～コ**から選び、記号を（　）に記入せよ。

1 □行・完□・未□　（キ）

*2 感□・□文・□菓　（オ）

3 □列・網□・□針盤　（ウ）

**4 □造・改□・□型　（ケ）

5 □害・切□・緊□　（ア）

ア 迫　イ 嘆　ウ 羅　エ 裸　オ 銘
カ 備　キ 遂　ク 濫　ケ 鋳　コ 妨

3 次の1～5の三つの□に**共通する漢字**を入れて熟語を作れ。漢字は**ア～コ**から選び、記号を（　）に記入せよ。

*1 □使・長□・□除（オ）

2 □健・□球・金□石（キ）

3 怠□・□弱・□性（エ）

4 □育・休□・□鶏（ク）

**5 本□・□疑・□古（ア）

ア 懐	イ 漫	ウ 壮	エ 惰	オ 駆
カ 酷	キ 剛	ク 養	ケ 質	コ 保

4 次の1～5の三つの□に**共通する漢字**を入れて熟語を作れ。漢字は**ア～コ**から選び、記号を（　）に記入せよ。

*1 □口・長□・□足（ク）

*2 体□・□限・強□（オ）

3 周□・□律・□風（コ）

4 突□・□防・防潮□（イ）

5 □官・容□・□量（ウ）

ア 辛	イ 堤	ウ 器	エ 砂	オ 制
カ 赦	キ 験	ク 蛇	ケ 到	コ 旋

漢字識別 4

月　日

／20

1 次の1～5の三つの□に**共通する漢字**を入れて熟語を作れ。漢字は**ア～コ**から選び、記号を（　）に記入せよ。

*1 □惑・夢□・□想（ウ）

2 □意・友□・□適（コ）

3 細□・同□・□子（イ）

4 □愛・□従・□点（カ）

*5 家□・□演・□眼（オ）

ア 迷	イ 胞	ウ 幻	エ 支	オ 主
カ 盲	キ 宝	ク 恋	ケ 菌	コ 好

2 次の1～5の三つの□に**共通する漢字**を入れて熟語を作れ。漢字は**ア～コ**から選び、記号を（　）に記入せよ。

1 □著・露□・□彰（ア）

2 潜□・□泳・排□（カ）

**3 □客・来□・貴□席（イ）

4 熟□・□魔・□眠（エ）

*5 □響・投□・□絵（ク）

ア 顕	イ 賓	ウ 伏	エ 睡	オ 練
カ 水	キ 珍	ク 影	ケ 稿	コ 見

3 次の1～5の三つの□に**共通する漢字**を入れて熟語を作れ。漢字は**ア～コ**から選び、記号を（　）に記入せよ。

1 □船・改□・□幣（エ）

2 *□根・□福・災□（オ）

3 □号・護□・終止□（ウ）

4 □音・□成・催□（ケ）

5 **□筒・破□・□林（ア）

ア 竹　イ 帆　ウ 符　エ 造　オ 禍
カ 茎　キ 擬　ク 怒　ケ 促　コ 茶

---

4 次の1～5の三つの□に**共通する漢字**を入れて熟語を作れ。漢字は**ア～コ**から選び、記号を（　）に記入せよ。

1 豪□・□出・□作（ケ）

2 □面・順□・□肩（エ）

3 □難・逃□・□雷針（ア）

4 *万□・□月・□時記（ク）

5 *□心・迫□・天□（キ）

ア 避　イ 砕　ウ 当　エ 路　オ 壮
カ 能　キ 真　ク 歳　ケ 傑　コ 遭

漢字識別 5

月　日

/20

1 次の1～5の三つの□に**共通する漢字**を入れて熟語を作れ。漢字は**ア～コ**から選び、記号を( )に記入せよ。

1 需□・□件・□因 （エ）

*2 □金・体□・天□ （ケ）

3 探□・内□・□察 （イ）

**4 □善・虚□・真□ （ク）

5 安□・□散・農□期 （オ）

ア 募　イ 偵　ウ 泰　エ 要　オ 閑
カ 親　キ 給　ク 偽　ケ 罰　コ 索

2 次の1～5の三つの□に**共通する漢字**を入れて熟語を作れ。漢字は**ア～コ**から選び、記号を( )に記入せよ。

*1 □走・□馬・出□ （ウ）

2 国□・□正・□認 （オ）

*3 □建・□筒・同□ （キ）

4 □倒・電□・□巻 （エ）

5 保□・□岸・□身 （コ）

ア 粋　イ 傾　ウ 奔　エ 圧　オ 是
カ 土　キ 封　ク 釈　ケ 競　コ 護

3 次の1～5の三つの□に**共通する漢字**を入れて熟語を作れ。漢字は**ア～コ**から選び、記号を（ ）に記入せよ。

1 □欲・□黙・衆□ （イ）

2 □相・□領・主□ （カ）

3 結□・□酸・□実験 （エ）

4 □記・名□・帳□ （オ）

5 厳□・□句・□物 （ク）

ア 併	イ 寡	ウ 長	エ 核	オ 簿
カ 宰	キ 晶	ク 禁	ケ 首	コ 米

4 次の1～5の三つの□に**共通する漢字**を入れて熟語を作れ。漢字は**ア～コ**から選び、記号を（ ）に記入せよ。

1 □売・□価・破□恥 （ケ）

2 □去・超□・看□ （ク）

3 □席・補□・不可□ （オ）

4 □着・治□・平□ （イ）

5 機□・□疑・□煙 （カ）

ア 執	イ 癒	ウ 撤	エ 縁	オ 欠
カ 嫌	キ 特	ク 過	ケ 廉	コ 陪

対義語・類義語 1

月　日

/36

1 後の□の中の語を必ず一度使って漢字に直し、対義語・類義語を記せ。

対義語

1 軟弱―［強固］
2 集合―［解散］
*3 原告―［被告］

類義語

4 遺憾―［残念］
*5 紛糾―［混乱］
**6 貢献―［寄与］

かいさん・きよ・きょうこ
こんらん・ざんねん・ひこく

2 後の□の中の語を必ず一度使って漢字に直し、対義語・類義語を記せ。

対義語

1 陰極―［陽極］
2 失意―［得意］
*3 原則―［例外］
*4 消耗―［蓄積］
*5 語幹―［語尾］

類義語

6 永久―［永遠］
7 否認―［否定］
*8 没頭―［専念］
9 入手―［獲得］
10 資産―［財産］

えいえん・かくとく・ごび・ざいさん
せんねん・ちくせき・とくい
ひてい・ようきょく・れいがい

3 後の□の中の語を**必ず一度**使って**漢字に直し、対義語・類義語**を記せ。

対義語

*1 逸材—〔凡才〕
2 既知—〔未知〕
3 歓迎—〔歓送〕
4 積極—〔消極〕
5 加害—〔被害〕

類義語

6 案外—〔意外〕
*7 俸給—〔賃金 賃銀〕
*8 思案—〔考慮〕
*9 発案—〔創意〕
10 看病—〔看護〕

いがい・かんご・かんそう・こうりょ
しょうきょく・そうい・ちんぎん
ひがい・ぼんさい・みち

4 後の□の中の語を**必ず一度**使って**漢字に直し、対義語・類義語**を記せ。

対義語

1 上昇—〔下降〕
2 厳寒—〔厳暑〕
3 急増—〔急減〕
4 異常—〔正常〕
*5 過剰—〔不足〕

類義語

6 異存—〔異議〕
7 弁明—〔解明〕
*8 敢行—〔断行〕
9 運送—〔運輸〕
10 精読—〔熟読〕

いぎ・うんゆ・かいめい・かこう
きゅうげん・げんしょ・じゅくどく
せいじょう・だんこう・ふそく

対義語・類義語 2

月　日

／36

1 後の□の中の語を必ず一度使って漢字に直し、対義語・類義語を記せ。

対義語

*1 淡泊―［濃厚］

2 平凡―［非凡］

3 農閑―［農繁］

類義語

4 説明―［解説］

5 干渉―［介入］

*6 不滅―［不朽］

かいせつ・かいにゅう・のうこう
のうはん・ひぼん・ふきゅう

2 後の□の中の語を必ず一度使って漢字に直し、対義語・類義語を記せ。

対義語

*1 秩序―［混乱］

2 舶来―［国産］

3 連勝―［連敗］

**4 傑物―［凡人］

*5 追随―［率先］

類義語

*6 担保―［抵当］

7 偽作―［模造］

8 留意―［配慮］

9 滋養―［栄養］

10 肯定―［是認］

えいよう・こくさん・こんらん
ぜにん・そっせん・ていとう
はいりょ・ぼんじん・もぞう・れんぱい

3 後の□の中の語を**必ず一度**使って**漢字に直し、対義語・類義語**を記せ。

対義語

1 有望—〔絶望〕
2 違法—〔合法〕
*3 優性—〔劣性〕
*4 謙虚—〔高慢〕
5 敏感—〔鈍感〕

類義語

6 自然—〔天然〕
*7 精髄—〔本質〕
*8 極意—〔秘伝〕
9 修繕—〔修理〕
10 欠点—〔短所〕

ごうほう・こうまん・しゅうり
ぜつぼう・たんしょ・てんねん
どんかん・ひでん・ほんしつ・れっせい

4 後の□の中の語を**必ず一度**使って**漢字に直し、対義語・類義語**を記せ。

対義語

1 偶然—〔必然〕
2 衰運—〔盛運〕
3 否認—〔是認〕
**4 鋭角—〔鈍角〕
*5 経度—〔緯度〕

類義語

6 敗走—〔退却〕
7 故国—〔祖国〕
8 志願—〔志望〕
9 外観—〔外見〕
*10 他界—〔永眠〕

いど・えいみん・がいけん・しぼう
せいうん・ぜにん・そこく
たいきゃく・どんかく・ひつぜん

対義語・類義語 3

月　日

/36

1 後の□の中の語を必ず一度使って漢字に直し、対義語・類義語を記せ。

対義語

*1 喪失―〔獲得〕
2 船首―〔船尾〕
3 専任―〔兼務〕

類義語

*4 倫理―〔道徳〕
5 不安―〔心配〕
6 出色―〔抜群〕

かくとく・けんむ・しんぱい
せんび・どうとく・ばつぐん

2 後の□の中の語を必ず一度使って漢字に直し、対義語・類義語を記せ。

対義語

*1 頒布―〔回収〕
**2 韻文―〔散文〕
3 自律―〔他律〕
4 罷免―〔採用〕
5 戦争―〔平和〕

類義語

*6 接待―〔供応〕
7 未来―〔将来〕
8 輸送―〔運搬〕
9 失意―〔失望〕
10 合計―〔総計〕

うんぱん・かいしゅう・きょうおう
さいよう・さんぶん・しつぼう
しょうらい・そうけい・たりつ・へいわ

3 後の□の中の語を**必ず一度**使って**漢字に直し、対義語・類義語**を記せ。

対義語

*1 能動—〔受動〕
2 借用—〔貸与〕
**3 受理—〔却下〕
4 吉報—〔凶報〕
5 専業—〔兼業〕

類義語

6 倹約—〔節約〕
*7 辛抱—〔我慢〕
8 博学—〔有識〕
*9 一生—〔終生〕
10 不在—〔留守〕

がまん・きゃっか・きょうほう
けんぎょう・しゅうせい・じゅどう
せつやく・たいよ・ゆうしき・るす

---

4 後の□の中の語を**必ず一度**使って**漢字に直し、対義語・類義語**を記せ。

対義語

1 悪意—〔善意〕
2 開放—〔閉鎖〕
3 異郷—〔故郷〕
*4 逆境—〔順境〕
**5 嫡流—〔傍系〕

類義語

*6 奇抜—〔突飛〕
7 余生—〔余命〕
8 進呈—〔寄贈〕
*9 大胆—〔豪放〕
10 異国—〔外国〕

がいこく・きぞう・ごうほう・こきょう
じゅんきょう・ぜんい・とっぴ
へいさ・ぼうけい・よめい

対義語・類義語 4

月　日

／36

1 後の□の中の語を必ず一度使って漢字に直し、対義語・類義語を記せ。

対義語

1 輸出―［輸入］
2 重厚―［軽薄］
*3 実践―［理論］

類義語

4 首都―［首府］
*5 顕著―［歴然］
6 快活―［明朗］

けいはく・しゅふ・めいろう
ゆにゅう・りろん・れきぜん

2 後の□の中の語を必ず一度使って漢字に直し、対義語・類義語を記せ。

対義語

1 優良―［劣悪］
2 避暑―［避寒］
*3 清音―［濁音］
4 快諾―［固辞］
*5 絶対―［相対］

類義語

6 患者―［病人］
7 休憩―［休息］
**8 次第―［順序］
9 承諾―［承知］
10 日常―［平素］

きゅうそく・こじ・じゅんじょ
しょうち・そうたい・だくおん・ひかん
びょうにん・へいそ・れつあく

3 後の□の中の語を**必ず一度**使って**漢字に直し**、**対義語・類義語**を記せ。

対義語

1 進化―〔退化〕
2 結婚―〔離婚〕
** 3 左遷―〔栄転〕
* 4 低俗―〔高雅〕
5 汚点―〔美点〕

類義語

6 格別―〔特別〕
7 推量―〔推測〕
8 休養―〔静養〕
* 9 忍耐―〔我慢〕
* 10 親友―〔知己〕

えいてん・がまん・こうが・すいそく
せいよう・たいか・ちき・とくべつ
びてん・りこん

4 後の□の中の語を**必ず一度**使って**漢字に直し**、**対義語・類義語**を記せ。

対義語

1 沈降―〔浮遊〕
2 辛勝―〔楽勝〕
** 3 根幹―〔末節〕
* 4 斉唱―〔独唱〕
5 快勝―〔完敗〕

類義語

6 突然―〔不意〕
7 一致―〔合致〕
8 許可―〔認可〕
9 熟睡―〔安眠〕
10 繊細―〔微妙〕

あんみん・がっち・かんぱい・どくしょう
にんか・びみょう・ふい・ふゆう
まっせつ・らくしょう

対義語・類義語 5

月　日

／36

1 後の□の中の語を必ず一度使って漢字に直し、対義語・類義語を記せ。

対義語

1 拡大—［縮小］

**2 新鋭—［古豪］

3 急性—［慢性］

類義語

4 効能—［効用］

5 同意—［賛成］

6 手腕—［腕前］

うでまえ・こうよう・ここう・さんせい
しゅくしょう・まんせい

2 後の□の中の語を必ず一度使って漢字に直し、対義語・類義語を記せ。

対義語

*1 拾得—［遺失］

2 湿潤—［乾燥］

3 概略—［詳細］

4 過疎—［過密］

5 着陸—［離陸］

類義語

*6 伝道—［布教］

7 使命—［任務］

**8 変遷—［沿革］

9 一族—［一門］

10 清新—［新鮮］

いしつ・いちもん・えんかく・かみつ
かんそう・しょうさい・しんせん
にんむ・ふきょう・りりく

3 後の□の中の語を**必ず一度**使って**漢字に直し、対義語・類義語**を記せ。

対義語

1 令嬢—［令息］
2 既決—［未決］
**3 太陽—［太陰］
4 退任—［就任］
5 好況—［不況］

類義語

*6 交渉—［談判］
7 絶無—［皆無］
8 傑作—［名作］
*9 租税—［税金］
10 質疑—［質問］

かいむ・しつもん・しゅうにん・ぜいきん・たいいん・だんぱん・ふきょう・みけつ・めいさく・れいそく

4 後の□の中の語を**必ず一度**使って**漢字に直し、対義語・類義語**を記せ。

対義語

*1 冗漫—［簡潔］
2 増進—［減退］
*3 公海—［領海］
4 失望—［期待］
5 充血—［貧血］

類義語

*6 懐古—［追憶］
7 改良—［改善］
8 四囲—［四方］
9 向上—［進歩］
10 妥当—［適切］

かいぜん・かんけつ・きたい・げんたい・しほう・しんぽ・ついおく・てきせつ・ひんけつ・りょうかい

四字熟語 1

月　日

／36

1 次の［　］内に入る適切な語を□の中から選び、**漢字に直して四字熟語**を完成せよ。

*1 勇［猛］果敢

2 起死回［生］

**3 ［片］言隻語

4 伸縮自［在］

5 油［断］大敵

6 ［門］外不出

ざい・せい・だん・へん・もう・もん

---

2 次の［　］内に入る適切な語を□の中から選び、**漢字に直して四字熟語**を完成せよ。

1 栄［枯］盛衰

2 本末［転］倒

3 ［直］情径行

4 我田［引］水

5 ［温］厚篤実

*6 無我［夢］中

7 ［公］明正大

*8 群雄割［拠］

9 ［絶］体絶命

*10 孤軍奮［闘］

いん・おん・きょ・こ・こう・ぜっ
ちょく・てん・とう・む

3 次の[　]内に入る適切な語を□の中から選び、**漢字に直して四字熟語**を完成せよ。

1 [大]同小異
2 豊[年]満作
3 緩急[自]在
*4 [放]歌高吟
*5 善[隣]友好
6 [暗]中模索
**7 物情[騒]然
*8 容姿[端]麗
9 面従腹[背]
10 金[殿]玉楼

あん・じ・そう・だい・たん・でん
ねん・はい・ほう・りん

4 次の[　]内に入る適切な語を□の中から選び、**漢字に直して四字熟語**を完成せよ。

1 不言実[行]
2 歌[舞]音曲
*3 換[骨]奪胎
4 [勧]善懲悪
5 複雑怪[奇]
6 馬耳[東]風
7 [内]憂外患
*8 異[口]同音
9 空中楼[閣]
*10 生殺[与]奪

かく・かん・き・く・こう・こつ
とう・ない・ぶ・よ

四字熟語 2

月　日

／36

1 次の［　］内に入る適切な語を□の中から選び、**漢字に直して四字熟語**を完成せよ。

□＊1 美辞［麗］句
□＊2 ［恒］久平和
□3 臨機応［変］
□4 ［傾］国美女
□5 弱［肉］強食
□＊6 神出［鬼］没

き・けい・こう・にく・へん・れい

2 次の［　］内に入る適切な語を□の中から選び、**漢字に直して四字熟語**を完成せよ。

□1 時［期機］尚早
□＊2 空前［絶］後
□3 山［紫］水明
□4 天下［御］免
□5 ［有］名無実
□6 不［老］長寿
□7 言語道［断］
□＊＊8 付和［雷］同
□9 佳人薄［命］
□10 前［途］多難

き・ご・し・ぜつ・だん・と・めい
ゆう・らい・ろう

3 次の［　］内に入る適切な語を□の中から選び、**漢字に直して四字熟語**を完成せよ。

1 深謀遠［慮］
*2 ［腐］敗堕落
3 同［工］異曲
4 優勝［劣］敗
*5 ［奇］怪千万
6 花鳥風［月］
7 古［今］東西
*8 五里［霧］中
9 質実剛［健］
10 意［味］深長

き・げつ・けん・こう・こん・ふ
み・む・りょ・れっ

---

4 次の［　］内に入る適切な語を□の中から選び、**漢字に直して四字熟語**を完成せよ。

1 ［天］衣無縫
2 比［翼］連理
*3 弊衣破［帽］
4 ［沈］思黙考
5 権謀術［数］
6 ［理］路整然
*7 大器［晩］成
8 ［青］息吐息
9 粒粒辛［苦］
*10 ［堅］忍不抜

あお・く・けん・すう・ちん・てん
ばん・ぼう・よく・り

四字熟語 ③

月　日

／36

1 次の［　］内に入る適切な語を□の中から選び、**漢字に直して四字熟語**を完成せよ。

1 古今［無］双

2 ［初］志貫徹

*3 気［宇］壮大

4 ［三］位一体

5 時機［到］来

*6 厚顔無［恥］

う・さん・しょ・ち・とう・む

2 次の［　］内に入る適切な語を□の中から選び、**漢字に直して四字熟語**を完成せよ。

1 平衡感［覚］

2 ［襲］名披露

3 電［光］石火

4 天涯孤［独］

5 ［千］差万別

*6 疾［風］迅雷

7 日進［月］歩

*8 一罰百［戒］

9 促［成］栽培

*10 心頭滅［却］

かい・かく・きゃく・げっ・こう
しゅう・せい・せん・どく・ぷう

3 次の［　］内に入る適切な語を□の中から選び、**漢字に直して四字熟語**を完成せよ。

1 雲［散］霧消
2 偶像崇［拝］
3 才色［兼］備
4 当意即［妙］
*5 ［以］心伝心
6 綱［紀］粛正
*7 ［是］非曲直
8 温故知［新］
9 感慨［無］量
*10 ［離］合集散

い・き・けん・さん・しん・ぜ
はい・みょう・む・り

4 次の［　］内に入る適切な語を□の中から選び、**漢字に直して四字熟語**を完成せよ。

1 公序良［俗］
2 意［気］衝天
3 縦横無［尽］
*4 ［冷］汗三斗
*5 浅［薄］皮相
6 青［天］白日
7 水質［汚］濁
*8 多岐亡［羊］
*9 ［破］邪顕正
10 悠悠自［適］

お・き・じん・ぞく・てき・てん
は・ぱく・よう・れい

四字熟語 4

月　日

／36

1 次の［　］内に入る適切な語を□の中から選び、**漢字に直して四字熟語を完成せよ。**

**1 面目［躍］如
2 ［東］奔西走
3 無病息［災］
4 清廉［潔］白
5 終［始］一貫
6 ［落］花流水

けっ・さい・し・とう・やく・らっ

2 次の［　］内に入る適切な語を□の中から選び、**漢字に直して四字熟語を完成せよ。**

*1 全国［制］覇
2 ［半］信半疑
3 言行一［致］
*4 千［慮］一失
5 ［暖］衣飽食
6 大胆不［敵］
*7 意気［消］沈
8 ［試］行錯誤
9 二束三［文］
10 頭［寒］足熱

かん・し・しょう・せい・だん
ち・てき・はん・もん・りょ

3 次の［　］内に入る適切な語を□の中から選び、**漢字に直して四字熟語**を完成せよ。

1 諸行無［常］
2 三日［天］下
3 ［用］意周到
4 白［髪］童顔
5 ［優］柔不断
6 ［自］縄自縛
*7 ［有］為転変
*8 論［功］行賞
9 朝三暮［四］
10 無味［乾］燥

う・かん・こう・し・じ・じょう
てん・はつ・ゆう・よう

4 次の［　］内に入る適切な語を□の中から選び、**漢字に直して四字熟語**を完成せよ。

*1 呉［越］同舟
2 自己矛［盾］
*3 一念［発］起
*4 巧［言］令色
5 ［晴］耕雨読
*6 ［傍］若無人
7 百鬼［夜］行
8 針小棒［大］
*9 無［為］自然
10 ［粉］骨砕身

い・えつ・げん・じゅん・せい
だい・ふん・ぼう・ほっ・や

四字熟語 5

月　日

/36

1 次の［　］内に入る適切な語を□の中から選び、**漢字に直して四字熟語を完成せよ。**

*1 支［離］滅裂
2 ［良］妻賢母
*3 泰然自［若］
**4 千［載］一遇
5 悪戦［苦］闘
6 多事多［忙］

く・ざい・じゃく・ぼう・り・りょう

2 次の［　］内に入る適切な語を□の中から選び、**漢字に直して四字熟語を完成せよ。**

1 外［柔］内剛
2 ［意］気揚揚
*3 活［殺］自在
4 完全無［欠］
5 破顔［一］笑
*6 白［砂］青松
7 自由奔［放］
8 刻苦［勉］励
*9 広大無［辺］
10 軽［挙］妄動

い・いっ・きょ・けつ・さつ・しゃ
じゅう・へん・べん・ぽう

3 次の［　］内に入る適切な語を□の中から選び、**漢字に直して四字熟語**を完成せよ。

1 八［方］美人
*2 和洋［折］衷
3 竜頭蛇［尾］
4 朝令［暮］改
*5 ［威］風堂堂
6 二者択［一］
*7 ［単］刀直入
8 知勇［兼］備
9 人間疎［外］
10 粗［製］濫造

い・いつ・がい・けん・せい
せっ・たん・び・ぼ・ぽう

4 次の［　］内に入る適切な語を□の中から選び、**漢字に直して四字熟語**を完成せよ。

*1 鶏口［牛］後
2 内［政］干渉
3 情状酌［量］
4 徹［頭］徹尾
*5 危機一［髪］
*6 率先［垂］範
7 南船北［馬］
*8 順風［満］帆
**9 ［隠］忍自重
10 前［後］不覚

いん・ぎゅう・ご・すい・せい
とう・ば・ぱつ・まん・りょう

誤字訂正 1

月　日　／18

● 次の各文にまちがって使われている**同じ読みの漢字が一字**ある。**上の（　）に誤字を、下の〔　〕に正しい漢字**を記せ。

誤　正

1 遠洋漁船が太平洋の間ん中で消息を絶った。（間）〔真〕

2 分子生物学が発展した背景に遺伝子の燥作技術の急速な発達がある。（燥）〔操〕

*3 国連で日米など五か国の国際観視団の派遣が検討されている。（観）〔監〕

4 卓越した技術力で新製品を市場に送り出し、町工場を雄数の企業に育成した。（雄）〔有〕

*5 縄文時代の人たちは渡来人がもたらした感染症で皆滅的な被害を受けたようだ。（皆）〔壊〕

6 人は自然に適応しその恩啓を最大限に活用している。（啓）〔恵〕

7 自国の文化に呼執せず、他国の良い面を進んで取り入れるべきだ。（呼）〔固〕

8 温情主義では厳しい企業間の競走を乗り越える人材は育成できない。（走）〔争〕

☑* 9 マルチ商法の典型的な甘誘の手口を漫画で解説した小冊子が出版された。（甘）〔勧〕

☑ 10 二酸化炭素排出の抑成・削減に当たっては従来の公害対策と異なる対応を要する。（成）〔制〕

☑** 11 瀬戸内海沿岸の残された自然海浜は、海水浴や潮干刈り等に利用されている。（刈）〔狩〕

☑ 12 紫禁城は中国皇帝の居城で、華鈴で高貴な宮廷文化の舞台だった。（鈴）〔麗〕

☑ 13 植物が育つには日光・水・空気・温度が必要不可決な要素だ。（決）〔欠〕

☑ 14 秋の学園祭では講演・演劇・模擬店など多最な催しがあった。（最）〔彩〕

☑** 15 秀吉は群雄が割居する中を勝ち抜いて天下を統一した。（居）〔拠〕

☑* 16 環境保全の重要性を機関紙で国民に訴え、意識の高揚を測る。（測）〔図〕

☑ 17 血圧が高いと診断されたら自覚症状がなくても治寮を受けよう。（寮）〔療〕

☑ 18 ルネッサンス以更、職人の技術とは違う芸術の概念が成立し創造性が重視された。（更）〔降〕

誤字訂正 2

月　日

/18

● 次の各文にまちがって使われている**同じ読みの漢字**が**一字**ある。**上の(　)に誤字を、下の〔　〕に正しい漢字**を記せ。

		誤	正
1	何の返哲もない民家の庭にも心動かされることがある。	返	変
*2	製品を規格化し後換性を可能にする技術を開発した企業が勝者となる。	後	互
3	運賃の精算を澄ませて改札口を出た。	澄	済
4	女性の社会進出を配景に保育機関の増設が切望され保育所の整備が急がれている。	配	背
**5	国道の露面凍結防止や照明に利用する風力発電の設備が完成した。	露	路
6	昔から天高く馬越ゆる秋と言われている。	越	肥
7	不忠意な発言で相手を傷つけたことを今では後悔している。	忠	注
8	天候不順のため野菜の出貨が減り、市場価格が高騰している。	貨	荷

□ 9 企業は年功序列や終身雇用の給与体系を見直し、能力主義を動入し始めた。〔動〕〔導〕

□* 10 漫性的な交通渋滞を緩和するため、道路の拡幅工事が開始された。〔漫〕〔慢〕

□ 11 回護保険制度では訪問調査員が事前に申請者の自宅へ行き調査する。〔回〕〔介〕

□ 12 人間と動物の区別は、道具の使用の有無を釈度とするのが穏当だろう。〔釈〕〔尺〕

□* 13 山岳警備隊は岩場や雪渓の重走の訓練を随時繰り返している。〔重〕〔縦〕

□ 14 火災で木造住宅が全焼したが、元因は漏電であると判明した。〔元〕〔原〕

□* 15 競争者を排除し市場を独専して利益をあげることは許されない。〔専〕〔占〕

□ 16 他国工作船の領海進犯事件を受け、政府は警備強化の検討に着手した。〔進〕〔侵〕

□ 17 交響楽団育盛という地道な仕事に黙々と生涯をささげた人だった。〔盛〕〔成〕

□** 18 今年は厄年なので両親に勧められ神社に参拝して無病息災を希願した。〔希〕〔祈〕

誤字訂正 ❸

月　日　／18

● 次の各文にまちがって使われている**同じ読みの漢字**が**一字**ある。**上の（　）に誤字を、下の〔　〕に正しい漢字**を記せ。

	文	誤	正
* 1	沖縄ヤンバルの森は世界有数の亜熱帯降雨林で奇少動植物の宝庫だ。	（奇）	〔希〕
2	応年の名選手はかつての栄光を誇らしげに語った。	（応）	〔往〕
3	監督の投手起用が功を相し試合にせり勝った。	（相）	〔奏〕
* 4	景気富揚にかかわる雇用対策のための補正予算案が提出された。	（富）	〔浮〕
5	宇宙衛星には数多くの精密な機器が双備されている。	（双）	〔装〕
6	渓流に添った遊歩道を散策しながら紅葉の美を心行くまで観賞した。	（添）	〔沿〕
** 7	パソコン通信で不動産投記簿を家庭で検索・閲覧できるサービスが実施される。	（投）	〔登〕
8	議員の型書きを利用したなり振り構わぬ資金調達の実態が明るみに出た。	（型）	〔肩〕

□9 野鳥が繁殖し巣立ちをする時期は幼鳥が密猟者にねらわれる授難の時でもある。（授）（受）

**□10 日本の海運会社の運行する貨物船が南洋で海賊に襲われる被害が出始めている。（行）（航）

□11 除草材の散布に反対して山林の下草刈りをする若者たちを描いた映画が評判だ。（材）（剤）

*□12 披露宴の主賓は美事麗句を羅列して祝意を表した。（事）（辞）

□13 ご注文頂いた商品につきましては速刻お取り寄せいたします。（速）（即）

□14 地球温暖化で海面水位は来世紀末までに五十センチ上昇すると予側される。（側）（測）

□15 理科教育の中で鶏は鳥類、恒温動物、卵生というように知識を積め込まれた。（積）（詰）

*□16 国立公園の景観を依持するため区域内に特別保護地区を指定することができる。（依）（維）

□17 電話の布及で手紙を書く機会は昔に比べ随分減った。（布）（普）

□18 キャベツはビタミンCの丸有量が豊富で葉菜類の中では群を抜く。（丸）（含）

誤字訂正 4

月　日　／18

次の各文にまちがって使われている**同じ読みの漢字が一字**ある。**上の（　）に誤字を、下の〔　〕に正しい漢字**を記せ。

	誤	正
1 新たな証言で命宮入りと思われた事件の容疑者が逮捕された。	命	迷
2 赤穂《あこう》浪士の討ち入りは私憤を晴らしただけという比判もある。	比	批
** 3 アユは清流を好み容姿淡麗で昔から川魚の女王といわれる。	淡	端
4 現地の実情をつぶさに調査するため、アジア諸国を担訪する。	担	探
* 5 奈良《なら》時代に大仏が鋳造された経緯を大学の研究誌に乗せる。	乗	載
6 来月上旬に妨災訓練を行う予定だ。	妨	防
** 7 社会秩序を維持するには適正な刑罰とともに犯罪者の孝生を助ける制度が必要だ。	孝	更
8 太陽光発電は保守管理が簡単なので今では山小屋の多くに普求している。	求	及

☐ 9 使用法を誤ると人命にかかわる激薬の服用には医師の指示がいる。 （激）（劇）

☐ 10 地球環境保繕が国際的な課題となり、有害化学物質への関心が高い。 （繕）（全）

☐ 11 外国人に茶道・華道や織り紙などを通し日本文化を紹介する。 （織）（折）

☐ 12 出席者の名簿は恵称を省略して作成した。 （恵）（敬）

☐ 13 申請書類には領収書を展付して提出する規定になっている。 （展）（添）

☐ 14 段続的な大雨の影響で地盤が緩み、各地に山崩れが発生している。 （段）（断）

☐ 15 官庁の機構を改較して大幅な刷新を行うことにした。 （較）（革）

☐ 16 生活様式の多様化に伴い、廃棄物の発生料が増加し、その種類も複雑化している。 （料）（量）

☐ 17 柔和で丁寧な語り句調の中に、奉仕に対する信念がうかがえる。 （句）（口）

☐ 18 富は、ふん尿と同じく築積されると悪臭をはなち、散布されると土を肥やす。 （築）（蓄）

誤字訂正 5

月　日　／18

● 次の各文にまちがって使われている**同じ読みの漢字が一字**ある。**上の（　）に誤字を、下の（　）に正しい漢字**を記せ。

誤　正

*1 新年度の契約公改に臨んだが、不況のため現状維持の金額にとどまった。（公）（更）

2 深夜の循回で侵入者を発見し、直ちに通報した。（循）（巡）

3 裁判官にとって最も不可欠なものは公平無至の精神である。（至）（私）

4 エベレストは世界の最高宝として、登山隊の間で人気が衰えない。（宝）（峰）

*5 リサイクル運動として家庭から回集した廃食油を燃料に再生する。（集）（収）

**6 行事の一貫として前例に倣《なら》って地域住民から体験記を募集した。（貫）（環）

7 私がギターを引いている間に次の演奏の準備をお願いします。（引）（弾）

8 俳句は最も短い詩の形式であるため連想と暗示の局度な圧縮が不可欠だ。（局）（極）

□ 9 閣僚の任証式は組閣後、宮中に参内して行われる。（任）（認）

□ 10 彼は手厳しい批標をする毒舌家としてこの世界では有名です。（標）（評）

□ 11 震災後の大火に焼け残った被災の傷跡を後世に伝える象兆の壁が保存される。（兆）（徴）

□ * 12 企業収益は改善の兆しが見られるが、設備投資抑制の傾向は以然として強い。（以）（依）

□ 13 江戸初期の狩野派ふすま絵の模写が二条城の収贈庫に大量に眠っている。（贈）（蔵）

□ 14 湾内の浅瀬の埋め立てで水鳥の避来地は壊滅的な打撃を被った。（避）（飛）

□ ** 15 電動三輪車は免許も入らず操作も簡便なので今後普及するだろう。（入）（要）

□ * 16 臓器移嘱法により脳死と判定された人から肝臓が摘出された。（嘱）（植）

□ 17 危機管理対応や高度情報処理の帰能を持った首相官邸が建築される。（帰）（機）

□ 18 公園の遊具が腐り補習や撤去の必要のある事が緊急調査で分かった。（習）（修）

漢字と送りがな 1

月　日　／25

● 次の——線のカタカナを漢字と送りがな(ひらがな)に直して( )の中に記せ。

〈例〉問題に**コタエル**。（答える）

1 色**アザヤカナ**花模様だ。（鮮やかな）

2 地位を利用して巨万の富を**タクワエル**。（蓄える）

3 かんで**フクメル**ように言い聞かせた。（含める）

*4 胸を**ソラシ**てさわやかな朝の空気をすう。（反らし）

5 **カガヤカシイ**世界新記録を樹立した。（輝かしい）

*6 光にあてて紙幣の**スカシ**を確かめる。（透かし）

7 危険を**サケル**方法をなんとか考える。（避ける）

8 鬼の面がオソロシク**て子どもが泣きだした。（恐ろしく）

9 地震の写真と記事を新聞に**ノセル**。（載せる）

10 豆が**ニエル**まで待ってください。（煮える）

11 志**ナカバ**にして倒れる。（半ば）

□ 12 耳を**スマシ**てよく聴いてごらん。（澄まし）

□ 13 うれしさのあまり**オドリ**上がって喜んだ。（躍り）

□ 14 別荘のまわりに雑草が生い**シゲッ**ている。（茂っ）

*□ 15 明白な証拠を**フマエ**て反論した。（踏まえ）

□ 16 賛成が過半数を**シメル**結果となった。（占める）

*□ 17 夕暮れの空は赤く**ソマッ**ている。（染まっ）

□ 18 機械に油を二、三滴**タラス**。（垂らす）

□ 19 失敗したので**アヤマッ**た。（謝っ）

*□ 20 生き物にとって長く厳しい冬が**オトズレ**た。（訪れ）

□ 21 かたまりを**コマカク**くだいて粉にする。（細かく）

*□ 22 やっとのことで動かぬ証拠を**オサエ**た。（押さえ）

□ 23 夜長の秋は読書に**シタシム**季節です。（親しむ）

□ 24 稲の取り入れに**イソガシイ**日が続く。（忙しい）

□ 25 相手との実力の差はかなりセバマッ**てきた。（狭まっ）

漢字と送りがな　2

月　日

/25

● 次の――線のカタカナを漢字と送りがな（ひらがな）に直して（　）の中に記せ。

〈例〉問題にコタエル。（答える）

1 洗った髪をカワカシている。（乾かし）

*2 やっとのことであこがれの虫をツカマエル。（捕まえる）

**3 ナゲカワシイ結果になったものだ。（嘆かわしい）

4 切れ味がニブクなった小刀を研ぐ。（鈍く）

5 受賞の喜びにヒタル。（浸る）

6 今度ばかりはほとほと愛想をツカシた。（尽かし）

7 母校は今年創立五十周年をムカエル。（迎える）

*8 立春を過ぎてようやく寒さがウスライだ。（薄らい）

*9 こんな出来ばえでは出展するのもハズカシイ。（恥ずかしい）

10 この路地を突きヌケルと大通りに出る。（抜ける）

11 一人グラシで気楽にやっています。（暮らし）

□ 12 天から**サズカッ**た命を大切にする。（授かっ）

□ 13 尊敬する先輩の話にじっと耳を**カタムケル**。（傾ける）

□ 14 あやまちを**オカシ**て本当に申し訳ない。（犯し）

□ *15 駅の放送が**サワガシイ**。（騒がしい）

□ *16 持ち金を投資して**フヤス**つもりだ。（殖やす）

□ 17 すばらしい先輩に**メグマ**れて育った。（恵ま）

□ **18 即位の儀は**オゴソカニ**挙行された。（厳かに）

□ 19 飛行場は町から**ハナレ**た所にある。（離れ）

□ 20 **クチル**ことのない名声を残した。（朽ちる）

□ *21 事実かどうかを当事者に聞いて**タシカメル**。（確かめる）

□ 22 突然**スルドイ**痛みを感じた。（鋭い）

□ *23 完成を**アヤブム**声があがっている。（危ぶむ）

□ 24 スポーツで**ココロヨイ**汗を流した。（快い）

□ 25 父といっしょに代々続く家業を**イトナム**。（営む）

漢字と送りがな ③

月　日

/25

● 次の——線のカタカナを漢字と送りがな（ひらがな）に直して（　）の中に記せ。

〈例〉問題にコタエル。（答える）

** 1 紅葉が夕日に照りハエル。（映える）

2 軒並み赤字にナヤマサれている。（悩まさ）

* 3 時には自らをカエリミルことも必要だ。（省みる）

4 気持ちがハズムような軽快なリズムだ。（弾む）

5 今でものどから手が出るほどホシイ。（欲しい）

6 途中で道をタズネルことにしよう。（尋ねる）

7 多くの従業員をカカエルようになった。（抱える）

8 突然タノモシイ味方があらわれた。（頼もしい）

* 9 常に自らをイマシメル心構えが必要です。（戒める）

10 今朝はメズラシク早起きをした。（珍しく）

11 町内会の役員もカネル。（兼ねる）

□ 12 派手に**カザリ**たてた落ち着きのない部屋だ。（飾り）

□ 13 贈り物に手紙を**ソエル**。（添える）

□ 14 のちほど**クワシク**ご報告申し上げます。（詳しく）

*□ 15 駅から遠いので商店街がますます**サビレ**ていく。（寂れ）

□ 16 人を**バカシ**たタヌキの話がある。（化かし）

□ 17 孤軍奮闘ついにトラワレ**の身となった。（捕らわれ）

□ 18 大雨で列車の到着が大幅に**オクレル**予定だ。（遅れる）

□ 19 わざわざお越し**イタダイ**て恐縮です。（頂い）

□ 20 長年の恩義に**ムクイル**のは今しかない。（報いる）

*□ 21 仕事で会社に**トマリ**込む。（泊まり）

□ 22 互いに友好的な**マジワリ**を結ぶ。（交わり）

*□ 23 子犬が空腹を**ウッタエ**てクンクンなく。（訴え）

□ 24 村の人から**ウヤマワ**れています。（敬わ）

□ 25 暮らしは**マズシイ**が満足している。（貧しい）

漢字と送りがな 4

月　日

/25

● 次の——線のカタカナを漢字と送りがな(ひらがな)に直して( )の中に記せ。

〈例〉問題にコタエル。(答える)

1 子供のカクレた才能を引き出す。(隠れ)

2 アマヤカサれてわがままになった。(甘やかさ)

** 3 少し言葉をツツシムようにしてください。(慎む)

4 原稿とテラシ合わせてみた。(照らし)

5 幸いに難をノガレた。(逃れ)

6 計画がコワレルおそれが多分にある。(壊れる)

7 少々の事でオドロカサれるものか。(驚かさ)

* 8 言葉をニゴシて多くを語らない。(濁し)

* 9 優勝の行方をウラナウ大一番です。(占う)

10 大きくて箱にツメルことが不可能だ。(詰める)

11 自分の仕事にホコリを持つべきだ。(誇り)

□ 12 部下を**ツカワシ**て隣国と協定を結ぶ。 *（遣わし）

□ 13 ものの**ヤワラカナ**態度に好感を持った。（柔らかな）

□ 14 古い制度を**アラタメル**。（改める）

□ 15 今はまだ実験を**ココロミル**段階だ。（試みる）

□ 16 他に迷惑を**オヨボサ**ないようにする。（及ぼさ）

□ 17 大自然に**フレル**機会を多くしよう。 *（触れる）

□ 18 兄のくつは大きすぎてすぐ**ヌゲル**。（脱げる）

□ 19 手がかりがほとんど無く困り**ハテル**。 *（果てる）

□ 20 今期一躍脚光を**アビル**ことになった。（浴びる）

□ 21 この問題は大変**ムズカシイ**。（難しい）

□ 22 急な坂を**カロヤカニ**登っていく。（軽やかに）

□ 23 注意深く取り**ハカラウ**必要がある。 **（計らう）

□ 24 楽しい**カタライ**のひとときであった。（語らい）

□ 25 よく**オサマッ**た平和な時代だった。（治まっ）

漢字の書き取り 1

月　日　／25

● 次の——線のカタカナを漢字に直して（　）に記入せよ。

＊ 1 どんな環境にも**ジュンノウ**できる能力がある。（順応）

2 **エイリ**な刃物を使う。（鋭利）

3 その問題で二人の意見は見事に**ガッチ**した。（合致）

4 難民が**エッキョウ**して逃れてきた。（越境）

＊ 5 **エンコ**を頼って上京した。（縁故）

6 神社に三〇〇年を経たクスの**キョボク**がある。（巨木）

＊＊ 7 士気を**コブ**するため全員に酒をふるまう。（鼓舞）

8 受験生は年々増加の**ケイコウ**にある。（傾向）

9 **シボウ**分のとり過ぎは体によくない。（脂肪）

10 各地の**ミンヨウ**を聞くのが楽しみだ。（民謡）

＊ 11 現場は**ソウゼン**としていて近寄りがたい。（騒然）

12 **タイシン**住宅に人気が集まっている。（耐震）

*13 **キカ**の難しい問題を解く。（幾何）

14 今でも良心に**ハ**じない行為と信じています。（恥）

15 今を**サカ**りといっせいに高山植物の花が咲く。（盛）

16 庭の**ハナゾノ**にバラが咲き乱れていた。（花園）

17 今年の秋は古寺を**メグ**る旅をする予定だ。（巡）

*18 核心をつかれ思わず返す言葉に**ツ**まった。（詰）

---

19 各国の学校を視察しその実情に**フ**れてきた。（触）

20 折からの雨で池の水が**ニゴ**ってきた。（濁）

*21 とても**コワ**い思いをした。（怖）

22 扉のうしろに**カク**れて様子をうかがう。（隠）

23 川の**ヨゴ**れをとり、魚を放流する。（汚）

24 眼下にタタミ**をしいたような静かな海が広がる。（畳）

25 ようやく木の芽が**フ**き出す季節になった。（吹）

漢字の書き取り 2

月　日

／25

● 次の――線のカタカナを漢字に直して（　）に記入せよ。

1 二人が同時に**コオウ**して立ち上がった。（呼応）

2 我が国の歴史に残る**イダイ**な業績だ。（偉大）

3 **ボウケン**だが、ひとつやってみよう。（冒険）

* 4 ヒヨコの**シユウ**を見分ける。（雌雄）

5 **ユウガ**な暮らしをしている。（優雅）

6 各地の**フウゾク**、習慣をフィルムに収める。（風俗）

7 **コウキュウ**の平和を祈って戦没者の墓に献花する。（恒久）

* 8 ヘリコプターが**ダクリュウ**から人を救助する。（濁流）

** 9 本年度より県から市へ**イカン**された仕事だ。（移管）

10 田畑への殺虫**ザイ**の散布を減らしたらトンボが戻ってきた。（剤）

11 最近では**リンジン**との付き合いもほとんどない。（隣人）

*12 無線を**ボウジュ**して敵方の情報を得る。（傍受）

13 文化祭の学級劇の**キャクホン**を書く。（脚本）

14 とりあえず今日はホテルに**ト**まる予定だ。（泊）

15 息子は成長して**ミチガ**えるほど立派になった。（見違）

*16 追及の**ホコサキ**をかろうじてかわす。（矛先）

17 足音が地下道に**ヒビ**く。（響）

18 バイオリン部門の入賞は外国勢が**シ**めた。（占）

---

*19 電車のつり**カワ**につかまっていて助かった。（革）

20 失敗を皆に**アヤマ**る。（謝）

21 あそこの主人は客**アツカ**いがとても上手だ。（扱）

*22 川の**ツツミ**に沿って柳の並木が美しい。（堤）

23 人目を**サ**けて裏口からそっと中へ入る。（避）

*24 水を**ス**かしてかなりの魚の群れが見える。（透）

*25 伝家の宝刀も切れ味がだいぶ**ニブ**ってきた。（鈍）

漢字の書き取り　3

月　日

／25

● 次の――線のカタカナを漢字に直して（　）に記入せよ。

1 リュウシの非常に細かい物質である。（粒子）

2 みどりの日にショクジュした。（植樹）

3 大気オセンを防止する抜本的な対策を練る。（汚染）

*4 雑務にボウサツされて休む暇がない。（忙殺）

*5 旧来の慣習をトウシュウする。（踏襲）

6 ゴジョの精神を育てていくことが大切である。（互助）

*7 発展トジョウにある国に出張を命じられる。（途上）

8 これでも大計のイチヨクをになっているつもりだ。（一翼）

9 もう少しで記録をコウシンするところだった。（更新）

**10 カエルは肺のほかヒフでも呼吸している。（皮膚）

11 連勝を続けて首位のチームにニクハクした。（肉迫）

□ 12 フクインのせまい道が多いので気をつける。（幅員）

□ 13 運転中はイッパイの酒が命とりになる。（一杯）

□ 14 毎度ご愛顧をコウムりありがとうございます。（被）

□ 15 いつもツツシみ深い方です。（慎）

□ 16 着いた先は活気のないサビれた漁港だ。（寂）

□ 17 大臣も参列して式典をオゴソかに執り行う。（厳）

□ 18 山上で食べるニギり飯の味はまた格別だ。（握）

□ 19 チバナれの早い子だった。（乳離）

□ 20 昔コメダワラをかついだことがある。（米俵）

□ 21 家の揺れを感じたのであわてておもてへカけ出した。（駆）

□ 22 約束にオクれないように早起きした。（遅）

□ 23 先生のイマシめを守って夜間の外出をやめる。（戒）

□ 24 旧街道沿いの道にコスモスがサき乱れている。（咲）

□ 25 タイタニック号がシズんだのはこの辺りです。（沈）

漢字の書き取り 4

月　日

/25

● 次の――線のカタカナを漢字に直して（　）に記入せよ。

*1 あれこれオクソクが乱れ飛んでいる。（憶測）

2 毎年秋のコウレイの行事になりました。（恒例）

3 今も愛唱されているフキュウの名曲だ。（不朽）

4 鉄を高熱でヨウカイする。（溶解）

5 身のキョシュウに迷っている。（去就）

6 深夜、美術館のトウナンベルが突然鳴った。（盗難）

7 ワルツは四分の三ビョウシの曲です。（拍子）

*8 山のシュホウがひときわ高くそびえている。（主峰）

9 空飛ぶエンバンを見たという人がいる。（円盤）

**10 新居に入れる家具をゲップで購入した。（月賦）

11 フンカのおそれがあるので入山禁止になった。（噴火）

12 化学工場で**バクハツ**があった。（爆発）

* 13 **タンセイ**込めて育てた菊を品評会に出品する。（丹誠 丹精）

14 せっかくの計画が**コワ**れたのは資金不足のせいだ。（壊）

15 古い機種で少し性能が**オト**るが値段は安い。（劣）

** 16 もようの美しい**マイオウギ**を買い求める。（舞扇）

17 蛍雪の功を積んで**スグ**れた成績で卒業した。（優）

18 夜空を**アオ**いで冬の星座を観察する。（仰）

---

* 19 美しい自然は村の**ホマ**れだ。（誉）

20 あのように見えても**イタ**って明るい性格です。（至）

21 故郷の駅に着いたときは日は西に**カタム**いていた。（傾）

* 22 カボチャの**メ**花に人工受粉を施す。（雌）

23 今年は**メズラ**しく台風が来なかった。（珍）

24 年末に多くの仕事を**カカ**え込んで弱っている。（抱）

25 正体不明の飛行物体が領空を**オカ**した。（侵）

漢字の書き取り 5

月　日

／25

● 次の――線のカタカナを漢字に直して（　）に記入せよ。

☐ 1 無口で**インキ**な人だ。（陰気）

*☐ 2 **キュウレキ**では今日は何月何日ですか。（旧暦）

☐ 3 地方産業の**シンコウ**を図る基金を準備する。（振興）

☐ 4 今回新しく**フジョウ**してきた案だ。（浮上）

☐ 5 門は**ヘイサ**されたままだ。（閉鎖）

☐ 6 食品の**センド**を保つための工夫をこらす。（鮮度）

*☐ 7 彼の文章には**コタン**の味わいがある。（枯淡）

☐ 8 石油のダイタイ**エネルギーとして天然ガスを使う。（代替）

☐ 9 暴力を**モクニン**することが新たな暴力を生む。（黙認）

☐ 10 思いがけず**ミョウアン**が浮かんだ。（妙案）

*☐ 11 道路の**ホソウ**工事で車が渋滞している。（舗装）

12 競技会でバツグンの技量を示して優勝する。（抜群）

**13 ようやく真情をトロする心境になった。（吐露）

14 オドり上がって喜んだ。（躍）

*15 がまんできずに風雨をオカして旅に出た。（冒）

16 科学の分野に業績をのこしたエラい人だ。（偉）

17 なるほどスルドい感覚の持ち主である。（鋭）

18 セマい店だがけっこうはやっている。（狭）

19 伝統芸能を受けツぐ若者が増えている。（継）

*20 法をタテに取って無理難題をふっかける。（盾）

21 この辺りは土産物店がノキを連ねている。（軒）

22 かんでフクめるように言い聞かせた。（含）

**23 オオヤケの場でこのような事をしてはいけない。（公）

24 おメし物はこちらでお預かりいたします。（召）

*25 思わず顔をソムけた。（背）

漢字の書き取り ⑥

月　日

／25

● 次の――線のカタカナを漢字に直して（　）に記入せよ。

□ 1 **ニュウワ**で純朴な人たちの集まりです。（柔和）

□ 2 贈り物で相手の**カンシン**を買うのはいやだ。（歓心）

＊□ 3 大衆に**ゲイゴウ**した政策だ。（迎合）

□ 4 有望な新人の**カクトク**に自ら乗り出す。（獲得）

□ 5 動かぬ**ショウコ**を握る。（証拠）

□ 6 この湖は**トウメイ**度が日本一である。（透明）

＊□ 7 この本の送料はあなたの方で**フタン**してください。（負担）

□ 8 指揮官は**ソクザ**に対応できる能力が必要である。（即座）

＊□ 9 神社の**ケイダイ**は祭りでにぎわっていた。（境内）

□ 10 あの選手はコーチを**ケンニン**している。（兼任）

＊□ 11 たまには**マンゼン**と時をすごすことも大切だ。（漫然）

* ☐ 12 **シュビ**よく成功した。（首尾）

☐ 13 この試合はチームの**フチン**をかけた大一番だ。（浮沈）

* ☐ 14 望遠鏡で見ると**マメツブ**ほどの大きさだ。（豆粒）

☐ 15 ようやく**タズ**ね当てた住所には人は住んでいなかった。（尋）

☐ 16 まさに**イノ**るような気持ちで発表を待つ。（祈）

* ☐ 17 急に**セタケ**が伸びて頼もしくなった。（背丈）

☐ 18 あの山に登るにはもっと**クワ**しい地図がいる。（詳）

☐ 19 どちらに**イタ**しましょうか。（致）

* ☐ 20 まだまだ暑いが**コヨミ**の上ではもう秋だ。（暦）

☐ 21 あと三〇分歩いたら**ヒカゲ**で一休みしよう。（日陰）

☐ 22 **スナハマ**は子供連れの海水浴客でいっぱいだ。（砂浜）

☐ 23 雨上がりの木々の緑がいっそう**アザ**やかだ。（鮮）

** ☐ 24 他人を**キヅカ**う余裕を常に持ちたいものだ。（気遣）

☐ 25 松の樹上で鳥が**ツバサ**を休めている。（翼）

漢字の書き取り 7

月　日

／25

●次の――線のカタカナを漢字に直して（　）に記入せよ。

*□ 1 ようやく事件のケイイがはっきりしてきた。（経緯）

□ 2 新製品がフキュウし始めた。（普及）

*□ 3 観客は魔術師をサンタンの目で見続けた。（賛嘆）

□ 4 常にシュウトウな注意が必要である。（周到）

□ 5 雑草がハンモしている。（繁茂）

□ 6 会員全員のレンラクモウを作成する。（連絡網）

*□ 7 ビネツがあるので大事をとって学校を休んだ。（微熱）

*□ 8 さえたヒッチは大家ならではのものだ。（筆致）

**□ 9 蒸気船はシンタンを補給するため入港した。（薪炭）

□ 10 電車の中ではギョウギよくしなさい。（行儀）

*□ 11 志望校に入れてさぞホンモウだろう。（本望）

*12 シェイクスピアの**ギキョク**を見に行く。（戯曲）

13 出版社から**ゲンコウ**を依頼してきた。（原稿）

14 会社では**ケム**たい存在だ。（煙）

*15 まるで**マワタ**で首をしめられたようだ。（真綿）

16 都合が悪くなると急に**ダマ**り込んでしまう。（黙）

17 昨年に**マサ**るとも劣らない好成績だ。（勝）

*18 おいしい**クダモノ**の実り豊かな地方だ。（果物）

19 不祥事がこうタビカサ**なるとだまっておれない。（度重）

20 今にもくつが**ヌ**げそうだ。（脱）

21 あれこれ**ナヤ**むことが多い年ごろだ。（悩）

22 若いころから柔道で足**コシ**をきたえてきた。（腰）

*23 **ワコウド**の祭典が今始まろうとしている。（若人）

24 草深い田舎から兄を**タヨ**って上京した。（頼）

25 雪の上に**ケモノ**の新しい足跡が続いている。（獣）

漢字の書き取り 8

月　日

/25

● 次の——線のカタカナを漢字に直して（　）に記入せよ。

1 改革の問題点をシテキする。（指摘）

2 最先端のコンピューター技術をクシする。（駆使）

3 新企画に全力をケイチュウして取り組む。（傾注）

*4 計画当初からムジュンをはらんでいた。（矛盾）

5 駐車イハンが後を絶たない。（違反）

6 キュウダイ点すれすれで合格できた。（及第）

*7 被災地に生活ヒツジュヒンを送った。（必需品）

8 彼は馬好きが高じてジュウイになった。（獣医）

*9 スピードに乗ったチョウヤクは観客を魅了した。（跳躍）

10 レツアクな労働条件の改善を進言する。（劣悪）

*11 険しいゼッペキを必死になってよじ登る。（絶壁）

12 余りに**トウトツ**な話にとまどいをかくせない。（唐突）

** 13 感極まって**ラクルイ**した。（落涙）

* 14 **イモホ**りで楽しい秋の一日を過ごした。（芋掘）

15 異国の地でゲリラに**ミガラ**を拘束されている。（身柄）

16 水道管が破裂して水が**フ**き出した。（噴）

* 17 雑誌に広告を**ノ**せたとたん売れ出した。（載）

18 口がうまく**ヨワタ**りがとても上手だ。（世渡）

---

19 塩は水に**ト**ける。（溶）

* 20 首脳会談は**オオスジ**で意見がまとまった。（大筋）

21 値上げ反対を**サケ**んでデモ行進をする。（叫）

22 急用が入って仕事の段取りが**クル**った。（狂）

* 23 人の**シワザ**とは思えない事件が発生した。（仕業）

24 夏の夕方大きな**カミナリグモ**が出る。（雷雲）

25 人心が**ハナ**れてはとても国を治められない。（離）

漢字の書き取り ⑨

月　日　／25

● 次の――線のカタカナを漢字に直して（　）に記入せよ。

*1 生まれ故郷からメイヨ市民の称号を受けた。（名誉）

2 今日はここにシュクハクする予定です。（宿泊）

3 水と油はブンリする。（分離）

4 時代のセンク者として長い間活躍した。（先駆）

5 仲直りに二人はアクシュした。（握手）

*6 政府にはコウレイシャ社会への対策が求められる。（高齢者）

7 いかなる時でもチンチャク冷静な態度をとる。（沈着）

8 ハトは平和のショウチョウである。（象徴）

*9 ドキを含んだ声が部屋の奥から聞こえてきた。（怒気）

10 高速道路では特に車間キョリに注意しなさい。（距離）

**11 ボウギョをおろそかにしたため敗れた。（防御）

□* 12 救命ドウイの説明をきく。（胴衣）

□* 13 シューベルトのレンダン曲が好きだ。（連弾）

□ 14 予想外の大変な人出でマイゴが出そうだ。（迷子）

□* 15 アヤういところでなんとか難をまぬかれた。（危）

□ 16 ようやく新しいメガネに買いかえた。（眼鏡）

□ 17 トコの間の見事な掛け軸が目にとまった。（床）

□ 18 合格通知を受けとって一日中喜びにヒタった。（浸）

□ 19 このところ駅前で自転車がよくヌスまれる。（盗）

□ 20 庭に玉砂利をシいた。（敷）

□* 21 人間としてのウツワの大小が問われている。（器）

□ 22 話をしているうちにだんだんナミダ声になってきた。（涙）

□** 23 コワイロを使って人を笑わせるのが上手だ。（声色）

□ 24 午前中に家事を済ませてゆっくりヒルネをする。（昼寝）

□ 25 春の山菜をツみにみんなで裏山に出かける。（摘）

漢字の書き取り 10

月　日

/25

● 次の――線のカタカナを漢字に直して（　）に記入せよ。

□ 1 その強い精神力はキョウタンに値する。（驚嘆）

□ 2 キビンな処置で事なきをえた。（機敏）

□ 3 若者らしいヤクドウ感にあふれる文章だ。（躍動）

** □ 4 早朝の静かなカイヒンをはだしで歩く。（海浜）

□ 5 キンエン席を予約した。（禁煙）

* □ 6 彼のシュセンドぶりにはあきれはてる。（守銭奴）

□ 7 この化粧品のコウリョウが気に入っている。（香料）

* □ 8 優れた人材を多数ハイシュツしている。（輩出）

□ 9 ノウムのため列車の速度が制限された。（濃霧）

* □ 10 人権のシンガイを許してはいけない。（侵害）

□ 11 注文がサットウして笑いが止まらない。（殺到）

＊12 **ハクヒョウ**をふむ思いをする。（薄氷）

＊＊13 ついに大国の**レイゾク**的支配から独立した。（隷属）

14 都会の雑踏を**ノガ**れて休日は山に登る。（逃）

15 暗くなった空から雨の**シズク**が落ちてきた。（滴）

16 相手の意表を**ツ**く作戦で見事に勝利した。（突）

17 セザンヌの**エガ**いた有名な絵画が展示される。（描）

＊18 **シラカベ**の美しい城下町の特集を組む。（白壁）

---

19 道が**ミネ**伝いに雲のかなたまで続いている。（峰）

＊20 旅行中隣の人に犬を**アズ**かってもらった。（預）

21 クリスマスの**カザ**り付けがきれいだ。（飾）

＊22 委員長の候補に**オ**す。（推）

23 ひょっとしたらと**アワ**い期待をいだく。（淡）

24 **オキ**合いからの風がなんともいえず心地よい。（沖）

25 運動会の日はよく**ス**んだ青空だった。（澄）

模擬テスト 第1回

月　日

／200

(一) 次の——線の読みをひらがなで記せ。 (30)

1 穏当な処置だと思う。（おんとう）
2 今場所も殊勲賞を獲得した。（しゅくん）
3 法案は空洞化されてしまった。（くうどう）
4 化学反応に使う触媒だ。（しょくばい）
5 親に内緒で遊びに行く。（ないしょ）
6 国王に拝謁した。（はいえつ）
7 試合は薄暮まで続いた。（はくぼ）
8 誤った発音を矯正された。（きょうせい）
9 懸案の問題を片づける。（けんあん）
10 蛇行する川に沿って下る。（だこう）
11 報告書の抜粋を配付する。（ばっすい）
12 前後の脈絡がない話だ。（みゃくらく）
13 閣僚の更迭を行う。（こうてつ）
14 一服の清涼剤といってよい。（せいりょう）
15 不要の箇所は斜線で消す。（しゃせん）
16 学生寮に入ることになった。（りょう）
17 境内に石塔を建てる。（せきとう）
18 食物の腐敗を防ぐ。（ふはい）

19 火災予防を徹底する。（てってい）
20 現状把握が不十分である。（はあく）
21 憩いのひとときを過ごす。（いこい）
22 殊更問題にすることはない。（ことさら）
23 自在に人形を操る。（あやつ）
24 国王から勲章を賜る。（たまわ）
25 会議に諮る必要がある。（はか）
26 昔の名残をとどめる建物だ。（なごり）
27 百個単位で卸売りします。（おろしう）
28 立ちのきを拒まれた。（こば）
29 当店のお薦め商品です。（すす）
30 尾根伝いに歩いている。（おね）

㈡ 次の漢字の**部首**を記せ。（10）

〈例〉 菜（艹） 間（門）

1 充（儿）
2 窯（宀）
3 謄（言）
4 甚（甘）
5 傘（人）

6 勲（力）
7 裏（衣）
8 斎（斉）
9 妄（女）
10 夜（夕）

㊂ 次の――線のカタカナにあてはまる漢字をそれぞれのア〜オから選び、記号を〔　〕に記入せよ。 (30) 2×15

1 ユ旨免職処分もいたしかたない。〔　〕
2 病気の治ユを祈願する。〔ア〕
3 運ユ省の管轄です。〔　〕
（ア 癒　イ 諭　ウ 輸　エ 由　オ 愉）

4 貨車にコンテナをトウ載する。〔オ〕
5 第一病トウに入院する。〔エ〕
6 哀トウの意を伝える。〔　〕
（ア 悼　イ 搭　ウ 登　エ 棟　オ 塔）

7 文章をサク除する。〔ウ〕
8 試サク品が完成した。〔イ〕
9 生き方を模サクしている。〔エ〕
（ア 策　イ 作　ウ 削　エ 索　オ 錯）

10 国家ホウ壊の危機に直面した。〔イ〕
11 人の作品を模ホウする。〔　〕
12 果ホウは寝て待て。〔ウ〕
（ア 宝　イ 崩　ウ 報　エ 泡　オ 倣）

13 犯人のオい立ちを語る。〔ウ〕
14 けがをオして出場した。〔　〕
15 結果はオして知るべしである。〔　〕
（ア 押　イ 老　ウ 生　エ 推　オ 負）

(四) 熟語の構成のしかたには次のようなものがある。 (10)

ア 同じような意味の漢字を重ねたもの (岩石)
イ 反対または対応の意味を表す字を重ねたもの (高低)
ウ 上の字が下の字を修飾しているもの (洋画)
エ 下の字が上の字の目的語・補語になっているもの (着席)
オ 主語と述語の関係にあるもの (国立)

次の熟語はそのどれにあたるか、記号を( )に記入せよ。

1 多寡 ( )
2 献呈 ( )
3 検疫 ( )
4 独吟 ( )
5 罷免 ( )

6 巧拙 ( )
7 宣誓 ( )
8 国営 ( )
9 虚実 ( )
10 苦衷 ( )

(五) 次の1〜5の三つの□に**共通する漢字**を入れて熟語を作れ。漢字は**ア〜コ**から選び、**記号を**( )に記入せよ。 (10) 2×5

1 □護・□立・抱□ ( )
2 □術・□従・□耐 ( )
3 端□・□戦・鼻□ ( )
4 □根・□福・災□ ( )
5 □勲・□述・自□伝 ( )

ア 弁 イ 緒 ウ 戦 エ 叙 オ 毛
カ 的 キ 擁 ク 禍 ケ 忍 コ 殊

(六) 後の□の中の語を**必ず一度**使って漢字に直し、**対義語・類義語**を記せ。 (20) 2×10

対義語

1 概略 ( )
2 陳腐 ( )
3 借用 ( )
4 漠然 ( )
5 左遷 ( )

類義語

6 偽作 ( )
7 精髄 ( )
8 妥当 ( )
9 正邪 ( )
10 干渉 ( )

えいてん・かいにゅう・しょうさい
しんき・たいよ・てきせつ・ほんしつ
もぞう・りひ・れきぜん

(七) 次の［　］内に入る適切な語を後の□の中から選び、**漢字に直して四字熟語**を完成せよ。 (20) 2×10

1 歌［　］音曲
2 ［　］中有閑
3 論［　］行賞
4 沈思［　］考
5 悠悠自［　］

6 信賞必［　］
7 ［　］怪千万
8 気［　］壮大
9 清廉［　］白
10 呉越同［　］

う・き・けっ・こう・しゅう・てき
ばつ・ぶ・ぼう・もっ

(八) 次の各文にまちがって使われている**同じ読みの漢字**が**一字**ある。**上の（　）に誤字**を、**下の［　］に正しい漢字**を記せ。 (20) 2×10

	誤	正
1 公的資金の導入にあたり、銀行への責任追久が厳しく求められる。	（　）	［　］
2 的確に情勢を判断して周倒な計画を立てる。	（　）	［　］
3 中国産トキを譲り受け増植を図る計画が軌道に乗ることを祈る。	（　）	［　］
4 新興国家は外貨獲得のために国を挙げて輸出の振興を図る。	（　）	［　］

5 体脂膨を余分に蓄積した結果起こる肥満は、健康の大敵である。（　）（　）

6 台風の接近で前線が刺激されて集中豪雨に身舞われた。（　）（　）

7 晩秋の山は空気も澄み、紅葉の色と空の色との対比が舌妙である。（　）（　）

8 環境汚染を正確に予測するには観測網の精備が必要だ。（　）（　）

9 自然界の生態系は食物連鎖の美妙なバランスの上に成り立っている。（　）（　）

10 この時期の水不足は農家にとって辛刻な事態である。（　）（　）

(九) 次の――線のカタカナを漢字と送りがな(ひらがな)に直せ。 (10) 2×5

〈例〉 問題にコタエル。（答える）

1 人種・貧富の差などムズカシイ問題が山積している。（　）

2 全速力でゴールしたので息づかいがアライ。（　）

3 キタナイことばを使って祖母にしかられた。（　）

4 世の中でこれにマサル楽しみはない。（　）

5 無用な反則をくり返して敵をますますイキオイづかせた。（　）

（十）次の——線のカタカナを漢字に直せ。 (40) 2×20

1 新製品は広く**フキュウ**した。（　　）
2 在庫の**ウム**を確認します。（　　）
3 雪で列車が**チエン**した。（　　）
4 会は満員の**セイキョウ**だった。（　　）
5 他人の意見に**ゲイゴウ**するな。（　　）
6 球史に**フキュウ**の名を残した。（　　）
7 **スンカ**をおしんで読書に励む。（　　）
8 新しい**テンポ**がオープンした。（　　）
9 連盟に**テイソ**するつもりだ。（　　）

10 次は記録の**コウシン**を目指す。（　　）
11 **ナマリイロ**の空を見上げる。（　　）
12 取り**アツカ**いにご注意ください。（　　）
13 大会の成功は**アヤ**ぶまれた。（　　）
14 **ツツミ**の桜が満開だ。（　　）
15 生徒会の委員長に**オ**された。（　　）
16 淡い**コイゴコロ**が芽生えた。（　　）
17 **テゼマ**な家だが日当たりがよい。（　　）
18 冬の夕暮れは**サビ**しい。（　　）
19 暑くて**ヒカゲ**で休む。（　　）
20 **メグ**みの雨が降ってきた。（　　）

模擬テスト 第2回

月　日

／200

(一) 次の――線の読みをひらがなで記せ。(30)

1 他人まかせにするとは怠慢だ。（　）
2 内部の対立が露呈した。（　）
3 貴重な国宝が陳列されている。（　）
4 佳作に選ばれて満足だ。（　）
5 一週間滞在の予定です。（　）
6 海藻類を多く食べましょう。（　）
7 自宅で謹慎中の身です。（　）
8 議論が沸騰して大変だった。（　）
9 凡庸な人物ではなさそうだ。（　）
10 人を教唆扇動してはいけない。（　）
11 交差点で事故が頻発する。（　）
12 平和運動に生涯をささげる。（　）
13 警備の盲点を指摘する。（　）
14 財政の窮乏を強く訴える。（　）
15 交通規則は遵守しよう。（　）
16 資料の散逸を防止する。（　）
17 早朝から座禅を組む。（　）
18 会社の実情を内偵する。（　）

19 しみじみと往時を述懐した。（　　）
20 面白い挿話をお聞かせしよう。（　　）
21 原稿用紙の升目を埋める。（　　）
22 近ごろの世相を憂える。（　　）
23 時間を割いていただいた。（　　）
24 何も一人で煩うことはない。（　　）
25 道義心が廃れてきている。（　　）
26 直接窯元で求めた器です。（　　）
27 軒に蚊柱が立っている。（　　）
28 日和がいいのでつい外に出た。（　　）
29 大声を出して人の話を遮る。（　　）
30 連係プレーで得点を稼ぐ。（　　）

(二) 次の漢字の**部首**を記せ。 (10)

〈例〉 菜（艹）　間（門）

1 蛍（　　）
2 嗣（　　）
3 奏（　　）
4 雑（　　）
5 六（　　）

6 致（　　）
7 幣（　　）
8 魔（　　）
9 虜（　　）
10 弔（　　）

(三) 次の――線のカタカナにあてはまる漢字をそれぞれのア～オから選び、記号を〔 〕に記入せよ。 (30) 2×15

1 大臣に答シン書を提出する。〔 〕
2 不可シン条約を結ぶ。〔 〕
3 香シン料を入れすぎた。〔 〕
(ア 針 イ 侵 ウ 浸 エ 辛 オ 申)

4 ユウ久の平和を目ざす。〔 〕
5 お金をユウ通してほしい。〔 〕
6 景色のユウ大さに言葉も無い。〔 〕
(ア 雄 イ 融 ウ 悠 エ 勇 オ 裕)

7 弦の調べに陶スイする。〔 〕
8 無事に任務をスイ行する。〔 〕
9 紡スイ形の速そうな車体だ。〔 〕
(ア 錘 イ 酔 ウ 遂 エ 睡 オ 粋)

10 軍隊が事件にカイ入する。〔 〕
11 欠席者はカイ無だった。〔 〕
12 出世カイ道からはずれる。〔 〕
(ア 街 イ 界 ウ 皆 エ 快 オ 介)

13 広場でたこをアげる。〔 〕
14 教室で手をアげる。〔 〕
15 大きな魚を釣りアげる。〔 〕
(ア 上 イ 明 ウ 揚 エ 挙 オ 開)

㈣ 熟語の構成のしかたには次のようなものがある。 (10)

ア 同じような意味の漢字を重ねたもの (岩石)
イ 反対または対応の意味を表す字を重ねたもの (高低)
ウ 上の字が下の字を修飾しているもの (洋画)
エ 下の字が上の字の目的語・補語になっているもの (着席)
オ 主語と述語の関係にあるもの (国立)

次の熟語はそのどれにあたるか、記号を( )に記入せよ。

1 殉職 ( )
2 王妃 ( )
3 租税 ( )
4 贈賄 ( )
5 人造 ( )

6 奔流 ( )
7 枢要 ( )
8 存廃 ( )
9 渉外 ( )
10 美醜 ( )

(五) 次の1～5の三つの□に**共通する漢字**を入れて熟語を作れ。漢字は**ア～コ**から選び、**記号**を( )に記入せよ。 (10) 2×5

1 □限・電□・□彩色 ( )
2 □相・□領・主□ ( )
3 平□・□着・治□ ( )
4 □惑・夢□・□想 ( )
5 □客・来□・貴□席 ( )

ア 珍 イ 賓 ウ 極 エ 服 オ 幻
カ 癒 キ 困 ク 無 ケ 宰 コ 相

(六) 後の□の中の語を**必ず一度**使って漢字に直し、**対義語・類義語**を記せ。 (20) 2×10

対義語
1 重厚 ( )
2 根幹 ( )
3 怠惰 ( )
4 快諾 ( )
5 自然 ( )

類義語
6 繊細 ( )
7 接待 ( )
8 激励 ( )
9 奇抜 ( )
10 方法 ( )

きょうおう・きんべん・けいはく
こじ・こぶ・じんい・とっぴ
びみょう・まっせつ・りゅうぎ

(七) 次の［　］内に入る適切な語を後の［　］の中から選び、**漢字に直して四字熟語**を完成せよ。

(20) 2×10

1 ［　］腹絶倒
2 栄［　］盛衰
3 衆人［　］視
4 弊衣破［　］
5 天下［　］免

6 付和［　］同
7 群雄割［　］
8 五里［　］中
9 善［　］友好
10 ［　］進潔斎

かん・きょ・こ・ご・しょう・ほう
ぼう・む・らい・りん

(八) 次の各文にまちがって使われている**同じ読みの漢字**が**一字**ある。**上の（　）に誤字**を、**下の［　］に正しい漢字**を記せ。

(20) 2×10

誤 正

1 初出場にもかかわらず、選手一同勇気を震い起こして健闘した。（　）［　］

2 美しい色調と力強い筆値とで和洋の魅力を存分に表した作品だ。（　）［　］

3 伝統産業の技術の伝承と発展に寄預した。（　）［　］

4 テロ組織の懐滅が目下の急務であることは全世界共通の認識である。（　）［　］

5 縁台での線香花火は今も昔も変わらぬ夏の風物史だ。（　）（　）

6 石油を輸入に委存している我が国は代替エネルギーの開発に努力すべきだ。（　）（　）

7 温暖湿潤な気候は日本人の風族習慣に影響を及ぼした。（　）（　）

8 テープに郎読を吹き込む録音図書には著作権の消滅した昔の文豪の作品が多い。（　）（　）

9 治療薬の効果で病人の様体は快方に向かっている。（　）（　）

10 家電メーカーが建設していた使用澄みの器具の分解・処理工場が完成した。（　）（　）

(九) 次の――線のカタカナを漢字と送りがな(ひらがな)に直せ。 (10) 2×5

〈例〉問題にコタエル。（答える）

1 サカンナ拍手にむかえられて入場する。（　）

2 あやまちをすぐにアラタメル心がけが大切です。（　）

3 キタル十八日の土曜日に試合は行われる。（　）

4 台風の進路が変わって思いがけない損害をコウムッた。（　）

5 山間の清流に足をヒタシてセミの声に聞き入る。（　）

㈩ 次の――線のカタカナを漢字に直せ。 (40) 2×20

1 馬はニュウワな目をしている。（　）
2 間違いをシテキされた。（　）
3 ロテン風呂のある旅館に泊まる。（　）
4 冬になるとヒフがあれる。（　）
5 シュいろの鳥居が美しい。（　）
6 高原でリョウヨウ生活を送る。（　）
7 熱い溶岩がフンシュツした。（　）
8 コウレイの方を優先します。（　）
9 ミヤクラクのない話をする。（　）
10 遵法の精神がシントウする。（　）
11 渋滞をサけて高速道路に入る。（　）
12 ノキサキにツバメが巣を作る。（　）
13 水面に月がウツっている。（　）
14 師匠から免許をサズけられた。（　）
15 政界の浄化に力をツくしている。（　）
16 明日おウカガいします。（　）
17 明るいヒトガラで人気がある。（　）
18 穏やかなモノゴシで応対する。（　）
19 イクタの難関をくぐり抜ける。（　）
20 昭和の歴史にクワしい人です。（　）

●模擬テスト第1回　標準解答

(一) 読み

1	2	3	4	5	6	7	8	9	10	11	12	13	14	15
おんとう	しゅくん	くうどう	しょくばい	ないしょ	はいえつ	はくぼ	きょうせい	けんあん	だこう	ばっすい	みゃくらく	こうてつ	せいりょう	しゃせん

16	17	18	19	20	21	22	23	24	25	26	27	28	29	30
りょう	せきとう	ふはい	てってい	はあく	いこ	ことさら	あやつ	たまわ	はか	なごり	おろしう	こば	すす	おね

(二) 部首

1	2	3	4	5	6	7	8	9	10
儿	穴	言	甘	𠆢	力	衣	斉	女	夕

(三) 同音・同訓異字

1	2	3	4	5	6	7	8	9	10	11	12	13	14	15
イ 諭	ア 癒	ウ 輸	イ 搭	エ 棟	ア 悼	ウ 削	イ 作	エ 索	イ 崩	オ 傲	ウ 報	ウ 生	ア 押	エ 推

(四) 熟語の構成

1	2	3	4	5	6	7	8	9	10
イ	ア	エ	ウ	ア	イ	エ	オ	イ	ウ

(五) 漢字識別

1	2
キ 擁	ケ 忍

3	4	5
イ	ク	エ
緒	禍	叙

(六) 対義語・類義語

1	2	3	4	5	6	7	8	9	10
詳細	新奇	貸与	歴然	栄転	模造	本質	適切	理非	介入

(七) 四字熟語

1	2	3	4	5	6	7	8	9	10
舞	忙	功	黙	適	罰	奇	宇	潔	舟

(八) 誤字訂正

	1	2	3	4	5	6	7	8	9	10
誤	久	倒	植	穫	膨	身	舌	精	美	辛
正	及	到	殖	獲	肪	見	絶	整	微	深

(九) 漢字と送りがな

1	2	3	4	5
難しい	荒い	汚い	勝る	勢い

(十) 書き取り

1	2	3	4	5	6	7	8	9	10
普及	有無	遅延	盛況	迎合	不朽	寸暇	店舗	提訴	更新

11	12	13	14	15	16	17	18	19	20
鉛色	扱	危	堤	推	恋心	手狭	寂	日陰	恵

模擬テスト 第2回 標準解答

(一) 読み

1	2	3	4	5	6	7	8	9	10	11	12	13	14	15
たいまん	ろてい	ちんれつ	かさく	たいざい	かいそう	きんしん	ふっとう	ぼんよう	きょうさ	ひんぱつ	しょうがい	もうてん	きゅうぼう	じゅんしゅ

16	17	18	19	20	21	22	23	24	25	26	27	28	29	30
さんいつ	ざぜん	ないてい	じゅっかい	そうわ	ますめ	うれ	さ	わずら	すた	かまもと	かばしら	ひより	さえぎ	かせ

(二) 部首

1	2	3	4	5	6	7	8	9	10
虫	口	大	隹	八	至	巾	鬼	虍	弓

(三) 同音・同訓異字

1	2	3	4	5	6	7	8	9	10	11	12	13	14	15
オ 申	イ 侵	エ 辛	ウ 悠	イ 融	ア 雄	イ 酔	ウ 遂	ア 錘	オ 介	ウ 皆	ア 街	ウ 揚	エ 挙	ア 上

(四) 熟語の構成

1	2	3	4	5	6	7	8	9	10
エ	ウ	ア	エ	オ	ウ	ア	イ	エ	イ

(五) 漢字識別

1	2
ウ 極	ケ 宰

3	4	5
カ 癒	オ 幻	イ 賓

(六) 対義語・類義語

1	2	3	4	5	6	7	8	9	10
軽薄	末節	勤勉	固辞	人為	微妙	供応	鼓舞	突飛	流儀

(七) 四字熟語

1	2	3	4	5	6	7	8	9	10
抱	枯	環	帽	御	雷	拠	霧	隣	精

(八) 誤字訂正

	1	2	3	4	5	6	7	8	9	10
誤	震	値	預	懐	史	委	族	郎	様	澄
正	奮	致	与	壊	詩	依	俗	朗	容	済

(九) 漢字と送りがな

1	2	3	4	5
盛んな	改める	来る	被っ	浸し

(十) 書き取り

1	2	3	4	5	6	7	8	9	10
柔和	指摘	露天	皮膚	朱	療養	噴出	高齢	脈絡	浸透

11	12	13	14	15	16	17	18	19	20
避	軒先	映	授	尽	伺	人柄	物腰	幾多	詳

学年別漢字配当表

「小学校学習指導要領」(平成十四年四月施行)による

	ア	イ	ウ	エ	オ	カ	キ	ク	ケ
1年		一	右雨	円	王音	下火花貝学	気九休玉金	空	月犬見
2年		引	羽雲	園遠		何科夏家歌画回会海絵外角楽活間丸岩顔	汽記帰弓牛魚京強教近		兄形計元言原
3年	悪安暗	医委意育員院飲	運	泳駅	央横屋温	化荷界開階寒感漢館岸	起期客究急級宮球去橋業曲局銀	区苦具君	係軽血決研県
4年	愛案	以衣位囲胃印		英栄塩	億	加果貨課芽改械害街各覚完官管関観願	希季紀喜旗器機議求泣救給挙漁共協鏡競極	訓軍郡	径型景芸欠結建健験
5年	圧	移因		永営衛易益液演	応往桜恩	可仮価河過賀快解格確額刊幹慣眼	基寄規技義逆久旧居許境均禁	句群	経潔件券険検限現減
6年		異遺域	宇	映延沿		我灰拡革閣割株干巻看簡	危机揮貴疑吸供胸郷勤筋		系敬警劇激穴絹権憲源厳

学年	コ	サ	シ	ス	セ	ソ
1年	五口校	左三山	子四糸字耳七車手十出女小上森人	水	正生青夕石赤千川先	早草足村
2年	戸古午後語工公広交光考行高黄合谷国黒今	才細作算	止市矢姉思紙寺自時室社弱首秋週春書少場色食心新親	図数	西声星晴切雪船線前	組走
3年	庫湖向幸港号根	祭皿	仕死使始指歯詩次事持式実写者主守取酒受州拾終習集住重宿所暑助昭消商章勝乗植申身神真深進		世整昔全	相送想息速族
4年	固功好候航康告	差菜最材昨札刷殺察参産散残	士氏史司試児治辞失借種周祝順初松笑唱焼象照賞臣信		成省清静席積折節説浅戦選然	争倉巣束側続卒孫
5年	故個護効厚耕鉱構興講混	査再災妻採際在財罪雑酸賛	支志枝師資飼示似識質舎謝授修述術準序招承証条状常情織職		制性政勢精製税責績接設舌絶銭	祖素総造像増則測属率損
6年	己呼誤后孝皇紅降鋼刻穀骨困	砂座済裁策冊蚕	至私姿視詞誌磁射捨尺若樹収宗就衆従縦縮熟純処署諸除将傷障城蒸針仁	垂推寸	盛聖誠宣専泉洗染善	奏窓創装層操蔵臓存尊

	タ	チ	ツ	テ	ト	ナ	ニ	ネ	ノ	ハ	ヒ	フ	ヘ
1年	大男	竹中虫町		天田	土		二日入	年		白八	百	文	
2年	多太体台	地池知茶昼長 鳥朝直	通	弟店点電	刀冬当東答頭 同道読	内南	肉			馬売買麦半番		父風分聞	米
3年	他打対待代第 題炭短談	着注柱丁帳調	追	定庭笛鉄転	都度投豆島湯 登等動童				農	波配倍箱畑発 反坂板	皮悲美鼻筆氷 表秒病品	負部服福物	平返勉
4年	帯隊達単	置仲貯兆腸		低底停的典伝	徒努灯堂働特 得毒			熱念		敗梅博飯	飛費必票標	不夫付府副粉	兵別辺変便
5年	退貸態団断	築張		提程適敵	統銅導徳独		任	燃	能	破犯判版	比肥非備俵評 貧	布婦富武復複 仏	編弁
6年	宅担探誕段暖	値宙忠著庁頂 潮賃	痛	展	討党糖届	難	乳認		納脳	派拝背肺俳班 晩	否批秘	腹奮	並陛閉片

	ホ	マ	ミ	ム	メ	モ	ヤ	ユ	ヨ	ラ	リ	ル	レ	ロ	ワ	学年字数	累計字数
1年	木本				名	目					立力林			六		八〇字	八〇字
2年	歩母方北	毎妹万			明鳴	毛門	夜野	友	用曜	来	里理				話	一六〇字	二四〇字
3年	放		味		命面	問	役薬	由油有遊	予羊洋葉陽様	落	流旅両緑		礼列練	路	和	二〇〇字	四四〇字
4年	包法望牧	末満	未脈民	無			約	勇	要養浴		利陸良料量輪	類	令冷例歴連	老労録		二〇〇字	六四〇字
5年	保墓報豊防貿暴			務夢	迷綿			輸	余預容		略留領					一八五字	八二五字
6年	補暮宝訪亡忘棒	枚幕	密		盟	模	訳	郵優	幼欲翌	乱卵覧	裏律臨			朗論		一八一字	一〇〇六字

「漢検」級別漢字配当表

（小学校学年別配当漢字を除く九三九字）

	ア	イ	エ	オ	カ	キ	ク	ケ	コ
2／準2級	亜	尉逸姻韻	疫謁猿	凹翁虞	渦禍靴寡稼蚊拐懐劾涯垣核殻嚇潟括喝渇褐轄且缶陥患堪棺款閑寛憾還艦頑	飢宜偽擬糾窮拒享挟恭矯暁菌琴謹襟吟	隅勲薫	茎渓蛍慶傑嫌献謙繭顕懸弦	呉碁江肯侯洪貢溝衡購拷剛酷昆懇
3級	哀	慰	詠悦閲炎宴	欧殴乙卸穏	佳架華嫁餓怪悔塊慨該概郭隔穫岳掛滑肝冠勘貫喚換敢緩	企岐忌軌既棋棄騎欺犠菊吉喫虐虚峡脅凝斤緊	愚偶遇	刑契啓掲携憩鶏鯨倹賢幻	孤弧雇顧娯悟孔巧甲坑拘郊控慌硬絞綱酵克獄恨紺魂墾
4級	握扱	依威為偉違維緯壱芋陰隠	影鋭越援煙鉛縁	汚押奥憶	菓暇箇雅介戒皆壊較獲刈甘汗乾勧歓監環鑑含	奇祈鬼幾輝儀戯詰却脚及丘朽巨拠距御凶叫狂況狭恐響驚仰	駆屈掘繰	恵傾継迎撃肩兼剣軒圏堅遣玄	枯誇鼓互抗攻更恒荒香項稿豪込婚

級	サ	シ	ス	セ	ソ	タ	チ	ツ
2／準2級	佐唆詐砕宰栽斎崎索酢桟傘	肢嗣賜滋璽漆遮蛇勺酌爵珠儒囚臭愁酬醜汁充渋銃叔淑粛塾俊准殉循庶緒叙升抄肖尚宵症祥渉訟硝粧詔奨彰償礁浄剰縄壌醸津唇娠紳診刃迅甚	帥睡錘枢崇据杉	畝斉逝誓析拙窃仙栓旋践銑遷薦繊禅漸	租疎塑壮荘捜挿曹喪槽霜藻	妥堕惰駄泰濯但棚	痴逐秩嫡衷弔挑眺釣懲勅朕	塚漬坪
3級	債催削搾錯撮擦暫	祉施諮侍慈軸疾湿赦邪殊寿潤遵如徐匠昇掌晶焦衝鐘冗嬢錠譲嘱辱伸辛審	炊粋衰酔遂穂随髄	瀬牲婿請斥隻惜籍摂潜繕	阻措粗礎双桑掃葬遭憎促賊	怠胎袋逮滞滝択卓託諾奪胆鍛壇	稚畜窒抽鋳駐彫脹超聴陳鎮	墜
4級	鎖彩歳載剤咲惨	旨伺刺脂紫雌執芝斜煮釈寂朱狩趣需舟秀襲柔獣瞬旬巡盾召床沼称紹詳丈畳殖飾触侵振浸寝慎震薪尽陣尋	吹	是井姓征跡占扇鮮	訴僧燥騒贈即俗	耐替沢拓濁脱丹淡嘆端弾	恥致遅蓄沖跳徴澄沈珍	

	テ	ト	ナ	ニ	ネ	ノ	ハ	ヒ	フ	ヘ	ホ	マ	ミ
2/準2級	呈廷邸亭貞逓偵艇泥迭徹撤	悼搭棟筒謄騰洞督凸屯	軟	尼妊忍	寧		把覇廃培媒賠伯舶漠肌鉢閥煩頒	妃披扉罷猫賓頻瓶	扶附譜侮沸雰憤	丙併塀幣弊偏遍	浦泡俸褒剖紡朴僕撲堀奔	麻摩磨抹	岬
3級	帝訂締哲	斗塗凍陶痘匿篤豚		尿	粘		婆排陪縛伐帆伴畔藩蛮	卑碑泌姫漂苗	赴符封伏覆紛墳	癖	募慕簿芳邦奉胞倣崩飽縫乏妨房某膨謀墨没翻	魔埋膜又	魅
4級	抵堤摘滴添殿	吐途渡奴怒到逃倒唐桃透盗塔稲踏闘胴峠突鈍曇		弐		悩濃	杯輩拍泊迫薄爆髪抜罰般販搬範繁盤	彼疲被避尾微匹描浜敏	怖浮普腐敷膚賦舞幅払噴	柄壁	捕舗抱峰砲忙坊肪冒傍帽凡盆	慢漫	妙眠

	ム	メ	モ	ヤ	ユ	ヨ	ラ	リ	ル	レ	ロ	ワ	計		累計
2/準2級		銘	妄盲耗匁	厄	愉諭癒唯悠猶裕融	庸窯	羅酪	痢履柳竜硫虜涼僚寮倫	累塁	戻鈴		賄枠	三三七字	三級まで 一六〇八字	一九四五字
3級		滅免			幽誘憂	揚揺擁抑	裸濫	吏隆了猟陵糧厘		励零霊裂廉錬	炉浪廊楼漏	湾	二八六字	四級まで 一三二二字	一六〇八字
4級	矛霧娘		茂猛網黙紋	躍	雄	与誉溶腰踊謡翼	雷頼絡欄	離粒慮療隣	涙	隷齢麗暦劣烈恋	露郎	惑腕	三一六字	五級まで（学習漢字） 一〇〇六字	一三二二字

常用漢字表　付表（熟字訓・当て字　110語）

※小学校・中学校・高等学校のどの時点で学習するかの割り振りを示しました。

漢字	読み	小	中	高
明日	あす	○		
小豆	あずき		○	
海女	**あま**			○
硫黄	いおう		○	
意気地	いくじ		○	
一言居士	**いちげんこじ**			○
田舎	いなか		○	
息吹	**いぶき**			○
海原	うなばら		○	
乳母	うば		○	
浮気	**うわき**			○
浮つく	うわつく		○	
笑顔	えがお		○	
お母さん	おかあさん	○		
叔父・伯父	おじ		○	
お父さん	おとうさん	○		
大人	おとな	○		
乙女	おとめ		○	
叔母・伯母	おば		○	
お巡りさん	おまわりさん		○	
お神酒	**おみき**			○
母屋・母家	**おもや**			○
神楽	**かぐら**			○
河岸	**かし**			○
風邪	かぜ		○	
仮名	かな		○	
蚊帳	**かや**			○
為替	かわせ		○	
河原・川原	かわら	○		
昨日	きのう	○		
今日	きょう	○		
果物	くだもの	○		
玄人	**くろうと**			○
今朝	けさ	○		

漢字	読み	小	中	高
景色	けしき	○		
心地	ここち		○	
今年	ことし	○		
早乙女	さおとめ		○	
雑魚	**ざこ**			○
桟敷	**さじき**			○
差し支える	さしつかえる		○	
五月晴れ	さつきばれ		○	
早苗	さなえ		○	
五月雨	さみだれ		○	
時雨	しぐれ		○	
竹刀	しない		○	
芝生	しばふ		○	
清水	しみず	○		
三味線	しゃみせん		○	
砂利	じゃり		○	
数珠	**じゅず**			○
上手	じょうず	○		
白髪	しらが		○	

漢字	読み	小	中	高
素人	**しろうと**			○
師走	**しわす(しはす)**			○
数寄屋・数奇屋	**すきや**			○
相撲	すもう		○	
草履	ぞうり		○	
山車	**だし**			○
太刀	たち		○	
立ち退く	たちのく		○	
七夕	たなばた	○		
足袋	たび		○	
稚児	**ちご**			○
一日	ついたち	○		
築山	**つきやま**			○
梅雨	つゆ		○	
凸凹	でこぼこ		○	
手伝う	てつだう	○		
伝馬船	**てんません**			○
投網	**とあみ**			○
十重二十重	**とえはたえ**			○

漢字	読み	小	中	高
読経	**どきょう**			○
時計	とけい	○		
友達	ともだち	○		
仲人	**なこうど**			○
名残	なごり		○	
雪崩	なだれ		○	
兄さん	にいさん	○		
姉さん	ねえさん	○		
野良	**のら**			○
祝詞	**のりと**			○
博士	はかせ	○		
二十・二十歳	はたち		○	
二十日	はつか	○		
波止場	はとば		○	
一人	ひとり	○		
日和	ひより		○	
二人	ふたり	○		
二日	ふつか	○		
吹雪	ふぶき		○	

漢字	読み	小	中	高
下手	へた	○		
部屋	へや	○		
迷子	まいご	○		
真っ赤	まっか	○		
真っ青	まっさお	○		
土産	みやげ		○	
息子	むすこ		○	
眼鏡	めがね	○		
猛者	**もさ**			○
紅葉	もみじ		○	
木綿	もめん		○	
最寄り	もより		○	
八百長	**やおちょう**			○
八百屋	やおや	○		
大和	やまと(大和絵・大和魂等)		○	
浴衣	**ゆかた**			○
行方	ゆくえ		○	
寄席	**よせ**			○
若人	わこうど		○	

漢字表

漢検準2級配当漢字三三七字

●**見出し語** 漢検準2級配当漢字三三七字を、見出し語の代表する読みによって五十音順に並べました。

●**読み** 音読みをカタカナで、訓読みをひらがなで記載し、送りがなは（ ）の中に示しました。㊄は高校で学習する読みで、準2級検定の対象外です。

●**部首・部首名** 漢検採用のものを示しました。

●**画数・筆順** 画数は総画数で示してあります。筆順は十の場面を示し、途中を省略した場合は、その場面の上に現在何画目かがわかるよう数字で表示しました。

●**意味** 見出し語の基本的な意味です。

●**語句** 見出し語を前に使った熟語や後に使った熟語をのせ、すべてに読みがなを付けました。

●**用例** 当該語句を使った用例を示しました。

亜

二《に》 7画

音 ア

訓 ——

意味 つぐ・すくない・亜細亜《アジア》の略《りゃく》

語句 亜鉛《あえん》・亜熱帯《あねったい》・亜流《ありゅう》・亜硫酸《ありゅうさん》・欧亜《おうあ》

用例 亜鉛を使《つか》った実験《じっけん》。亜熱帯の島《しま》。印象派《いんしょうは》の亜流にすぎない。欧亜の文化《ぶんか》。

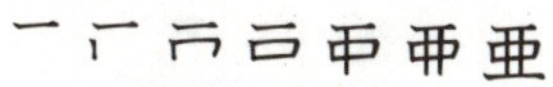

尉

寸《すん》 11画

音 イ

訓 ——

意味 旧《きゅう》軍隊や自衛隊《じえいたい》の将校《しょうこう》の階級の一つ

語句 尉官《いかん》・一等陸尉《いっとうりくい》・大尉《たいい》

用例 尉官に昇進《しょうしん》した。祖父《そふ》は陸軍《りくぐん》の大尉であった。自衛隊《じえいたい》の一等陸尉。

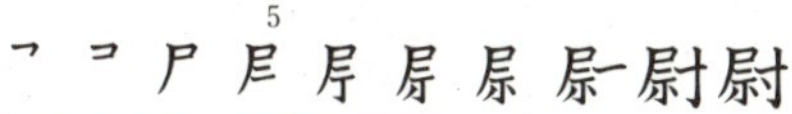

逸

辶《しんにょう・しんにゅう》 11画

音 イツ

訓 ——

意味 失う・はずれる・すぐれている

語句 逸材《いつざい》・逸脱《いつだつ》・逸品《いっぴん》・逸話《いつわ》・散逸《さんいつ》

用例 開校《かいこう》以来《いらい》の逸材だ。まれに見《み》る逸品。故人《こじん》の逸話を話《はな》す。資料《しりょう》が散逸した。

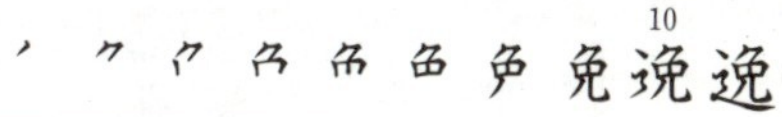

姻

女《おんなへん》 9画

音 イン

訓 ——

意味 結婚《けっこん》する・結婚したために親類になる

語句 姻戚《いんせき》・姻族《いんぞく》・婚姻《こんいん》

用例 彼女《かのじょ》の家《いえ》とは姻戚関係《かんけい》にある。姻族一同《いちどう》が集《あつ》まる。役所《やくしょ》に婚姻届《とどけ》を出《だ》す。

韻

音《おと》 19画

音 イン

訓 ——

意味 音や声のひびき・詩や歌

語句 韻文《いんぶん》・韻律《いんりつ》・音韻《おんいん》・脚韻《きゃくいん》・余韻《よいん》

用例 散文《さんぶん》と韻文の違《ちが》い。美《うつく》しい韻律。脚韻を踏《ふ》む。音楽会《おんがくかい》の余韻を楽《たの》しむ。

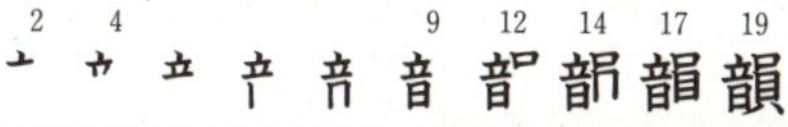

疫

部首：疒（やまいだれ）　9画

音：エキ、ヤク（高）
訓：―

意味：流行病・悪性の伝染病

語句：疫病《えきびょう》・疫病神《やくびょうがみ》・悪疫《あくえき》・検疫《けんえき》・免疫《めんえき》

用例：疫病の流行《りゅうこう》。悪疫に苦《くる》しむ。入国《にゅうこく》に際《さい》し検疫を受《う》ける。免疫ができる。

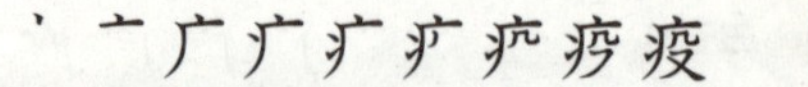

謁

部首：言（ごんべん）　15画

音：エツ
訓：―

意味：身分の高い人に会う

語句：謁見《えっけん》・親謁《しんえつ》・内謁《ないえつ》・拝謁《はいえつ》

用例：大統領《だいとうりょう》に謁見する。内謁の栄《えい》に浴《よく》す。天皇陛下《てんのうへいか》に拝謁する。

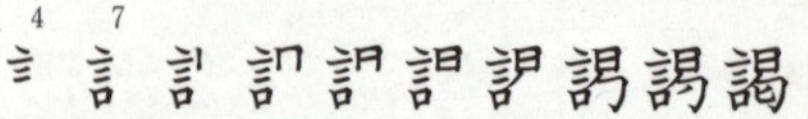

猿

部首：犭（けものへん）　13画

音：エン
訓：さる

意味：人間によくにたけもの・さる

語句：猿楽《さるがく》・猿芝居《さるしばい》・猿知恵《さるぢえ》・犬猿《けんえん》・類人猿《るいじんえん》

用例：へたな猿芝居を見《み》た。猿知恵を働《はたら》かせる。犬猿の仲《なか》。類人猿の研究《けんきゅう》。

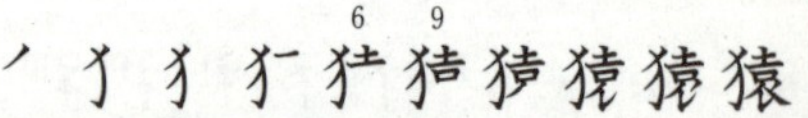

凹

部首：凵（うけばこ）　5画

音：オウ
訓：―

意味：へこみ・くぼみ

語句：凹凸《おうとつ》・凹版《おうはん》・凹面鏡《おうめんきょう》・凹《おう》レンズ・凸凹《でこぼこ》

用例：表面《ひょうめん》に凹凸がある。凹版で印刷《いんさつ》する。凹レンズと凸《とつ》レンズ。凸凹の多《おお》い道《みち》。

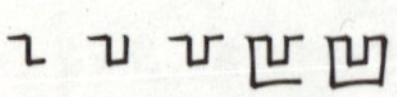

翁

部首：羽（はね）　10画

音：オウ
訓：―

意味：男の老人・男の老人の尊敬語

語句：翁媼《おうおう》・岳翁《がくおう》・塞翁《さいおう》・老翁《ろうおう》

用例：翁媼が住《す》んでいた。岳翁を見舞《みま》う。老翁から昔《むかし》の話《はなし》を聞《き》いた。

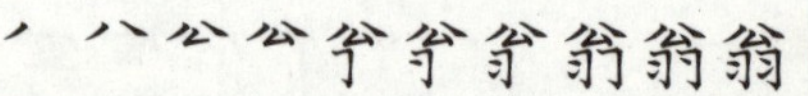

虞

虍 とらがしら・とらかんむり 13画

音 ——
訓 おそれ

意味 おそれ・心配・うれい
語句 虞《おそれ》がある・憂虞《ゆうぐ》
用例 再発《さいはつ》の虞がある。

渦

氵 さんずい 12画

音 カ高
訓 うず

意味 うず・うずまき・混乱《こんらん》している状態《じょうたい》
語句 渦中《かちゅう》・渦紋《かもん》・渦潮《うずしお》・渦巻《うずま》き
用例 事件《じけん》の渦中の人。見事《みごと》な渦紋を描《えが》く。鳴門《なると》の渦潮。渦巻きができる。

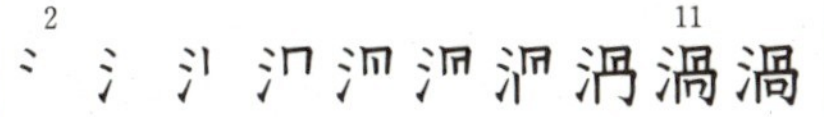

禍

ネ しめすへん 13画

音 カ
訓 ——

意味 悪いできごと・ふしあわせ
語句 禍根《かこん》・禍福《かふく》・災禍《さいか》・水禍《すいか》・舌禍《ぜっか》
用例 禍根を残《のこ》す。思《おも》わぬ災禍に遭《あ》う。水禍が多《おお》い年《とし》だ。談話《だんわ》が舌禍を招《まね》く。

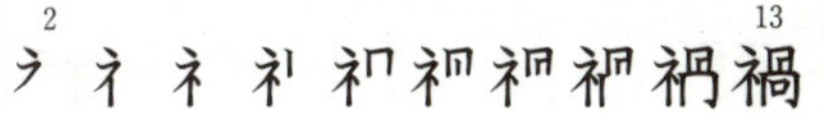

靴

革 かわへん 13画

音 カ高
訓 くつ

意味 革《かわ》(ゴム・布《ぬの》など)で作ったはきもの
語句 靴下《くつした》・靴屋《くつや》・製靴《せいか》・運動靴《うんどうぐつ》・革靴《かわぐつ》
用例 靴下をはく。靴屋で運動靴を買《か》う。製靴工場《こうじょう》を見学《けんがく》する。革靴は丈夫《じょうぶ》だ。

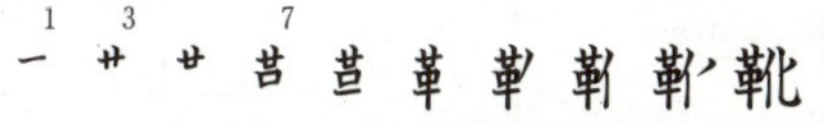

寡

宀 うかんむり 14画

音 カ
訓 ——

意味 少ない・夫(妻)をなくした人
語句 寡占《かせん》・寡婦《かふ》・寡聞《かぶん》・寡黙《かもく》・衆寡《しゅうか》
用例 寡占市場《しじょう》に参入《さんにゅう》。寡聞にして存《ぞん》じません。寡黙な人《ひと》。衆寡敵《てき》せず敗《やぶ》れる。

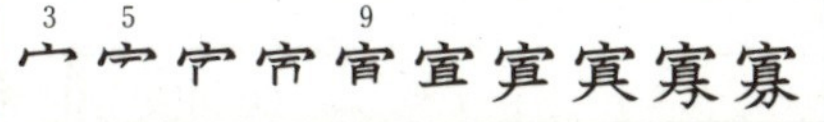

稼

禾 のぎへん　15画

音 カ高

訓 かせ(ぐ)

意味 仕事にはげむ・かせぐ

語句 稼業《かぎょう》・稼働《かどう》・出稼《でかせ》ぎ・共稼《ともかせ》ぎ

用例 しがない浮《う》き草《ぐさ》稼業。機械《きかい》が稼働する。冬《ふゆ》の間《あいだ》出稼ぎに出《で》かける。

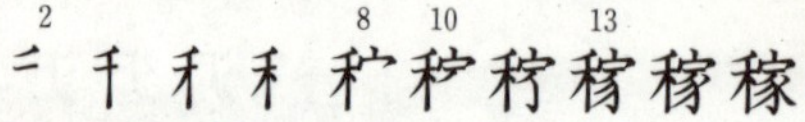

蚊

虫 むしへん　10画

音 ——

訓 か

意味 昆虫のカ

語句 蚊取《かと》り線香《せんこう》・蚊柱《かばしら》・蚊帳《かや》

用例 蚊取り線香に火《ひ》をつける。蚊柱がたつ。蚊帳の外《そと》におかれる。

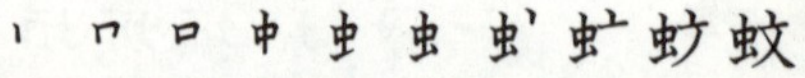

拐

扌 てへん　8画

音 カイ

訓 ——

意味 だまして持ち逃《に》げしたり，連れ去る

語句 拐帯《かいたい》・誘拐《ゆうかい》

用例 公金《こうきん》拐帯で警察《けいさつ》に追《お》われる。誘拐された子供《こども》は無事《ぶじ》保護《ほご》された。

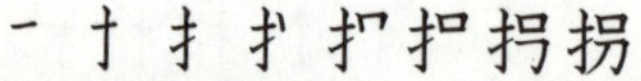

懐

忄 りっしんべん　16画

音 カイ

訓 ふところ高
なつ(かしい)高
なつ(かしむ)高
なつ(く)高
なつ(ける)高

意味 心の中に思う・なつかしむ・ふところ

語句 懐古《かいこ》・懐中《かいちゅう》・懐刀《ふところがたな》・述懐《じゅっかい》・本懐《ほんかい》

用例 懐古趣味《しゅみ》がある。懐中にしのばせる。専務《せんむ》は社長《しゃちょう》の懐刀だ。本懐を遂《と》げる。

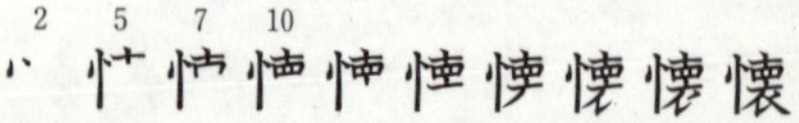

劾

力 ちから　8画

音 ガイ

訓 ——

意味 悪事をきびしく調べる・責《せ》めただす

語句 劾奏《がいそう》・糾劾《きゅうがい》・弾劾《だんがい》

用例 官吏《かんり》の罪《つみ》を天子《てんし》に劾奏する。事件《じけん》を改《あらた》めて糾劾する。弾劾裁判《さいばん》を要求《ようきゅう》する。

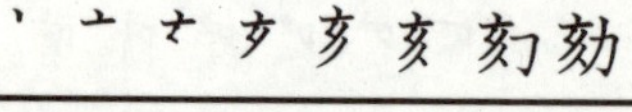

涯

部首：氵（さんずい） 11画

音 ガイ
訓 ——

意味 水ぎわ・きし・かぎり・遠いはて

語句 境涯《きょうがい》・際涯《さいがい》・生涯《しょうがい》・水涯《すいがい》・天涯孤独《てんがいこどく》

用例 悲惨《ひさん》な境涯。際涯ない大平原《だいへいげん》。波乱《はらん》に富《と》んだ生涯。天涯孤独の身《み》だった。

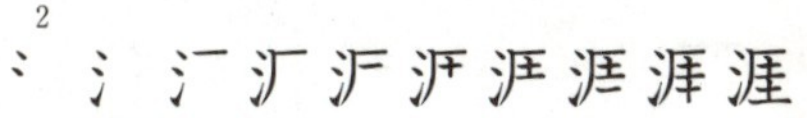

垣

部首：土（つちへん） 9画

音 ——
訓 かき

意味 敷地《しきち》のまわりを囲《かこ》むしきり

語句 垣根《かきね》・垣間見《かいまみ》る・生《い》け垣《がき》・石垣《いしがき》・人垣《ひとがき》

用例 垣根の手入《てい》れ。生け垣のある家《いえ》。石垣を巡《めぐ》らす。沿道《えんどう》に人垣ができる。

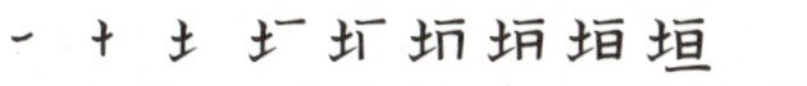

核

部首：木（きへん） 10画

音 カク
訓 ——

意味 ものごとの中心

語句 核実験《かくじっけん》・核心《かくしん》・核膜《かくまく》・結核《けっかく》・中核《ちゅうかく》

用例 核実験が行《おこな》われた。事件《じけん》の核心。結核を病《や》む。中核となって働《はたら》く。

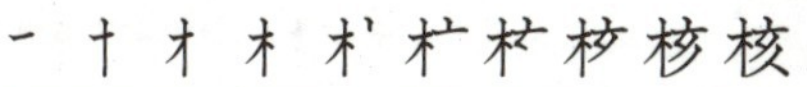

殻

部首：殳（るまた・ほこづくり） 11画

音 カク
訓 から

意味 から・外皮

語句 外殻《がいかく》・甲殻《こうかく》・地殻《ちかく》・貝殻《かいがら》・抜《ぬ》け殻《がら》

用例 外殻の美《うつく》しい巻《ま》き貝《がい》だ。カニは甲殻類《るい》だ。貝殻を拾《ひろ》う。セミの抜け殻。

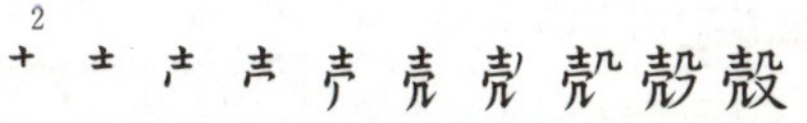

嚇

部首：口（くちへん） 17画

音 カク
訓 ——

意味 はげしく怒る・しかる・おどす

語句 嚇怒《かくど》・威嚇《いかく》・脅嚇《きょうかく》

用例 部下《ぶか》を嚇怒する。猫《ねこ》がきばをむき出《だ》して威嚇する。強盗《ごうとう》に脅嚇された。

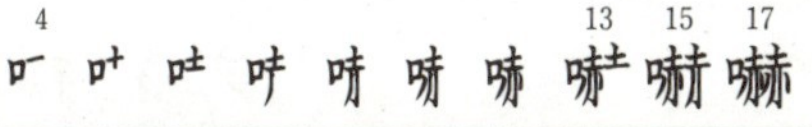

潟

氵 さんずい　15画

音 ——
訓 かた

意味 潮が引くと現れる所・ひがた
語句 干潟《ひがた》
用例 干潟で潮干《しおひ》狩《が》りをする。

3　15
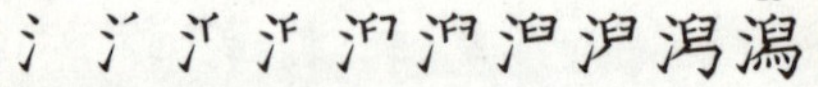

括

扌 てへん　9画

音 カツ
訓 ——

意味 ひとまとめにする・とりしまる
語句 括弧《かっこ》・一括《いっかつ》・総括《そうかつ》・統括《とうかつ》・包括《ほうかつ》
用例 括弧でくくる。一括して答《こた》える。全《ぜん》体《たい》を統括する。意見《いけん》を包括する。

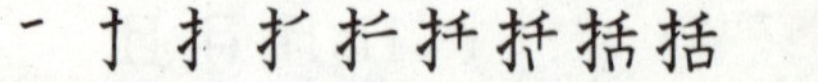

喝

口 くちへん　11画

音 カツ
訓 ——

意味 どなる・おどす・しかる
語句 喝采《かっさい》・喝破《かっぱ》・一喝《いっかつ》・恐喝《きょうかつ》・恫喝《どうかつ》
用例 拍手《はくしゅ》喝采を浴《あ》びる。真理《しんり》を喝破する。こら！と一喝する。恐喝罪《ざい》で逮捕《たいほ》。

7
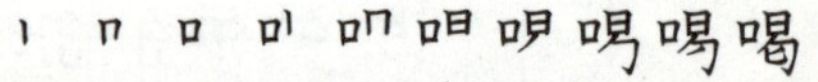

渇

氵 さんずい　11画

音 カツ(高)
訓 かわ(く)

意味 水がかれる・のどがかわく・ほしがる
語句 渇水《かっすい》・渇望《かつぼう》・飢渇《きかつ》・枯渇《こかつ》
用例 冬季《とうき》に渇水する。合格《ごうかく》を渇望する。漂流《ひょうりゅう》中《ちゅう》飢渇に苦《くる》しむ。川《かわ》が枯渇する。

2
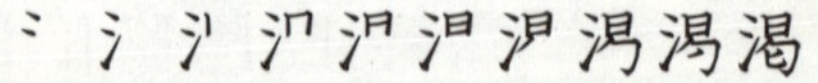

褐

衤 ころもへん　13画

音 カツ
訓 ——

意味 こげ茶色・けごろも・ぬのこ
語句 褐色《かっしょく》・褐炭《かったん》・茶褐色《ちゃかっしょく》
用例 褐色の肌《はだ》が美《うつく》しい。褐炭を生産《せいさん》する。茶褐色のコートが流行《りゅうこう》している。

2　9　11
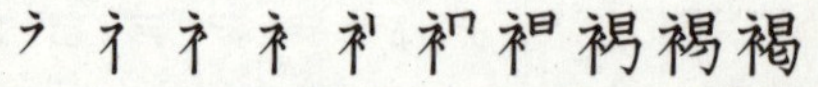

轄

車 くるまへん 17画

音 カツ
訓 ——

意味 とりしまる・くさび・取りまとめる

語句 管轄《かんかつ》・所轄《しょかつ》・総轄《そうかつ》・直轄《ちょっかつ》・統轄《とうかつ》

用例 厚生省《こうせいしょう》の管轄。所轄の警察署《けいさつしょ》。営業《えいぎょう》部門《ぶもん》を総轄する。行政《ぎょうせい》を統轄する。

且

一 いち 5画

音 ——
訓 か(つ)

意味 その上・一方では

語句 且《か》つ又《また》

用例 吉野《よしの》は歴史《れきし》の里《さと》であり，且つ又桜《さくら》の名所《めいしょ》でもある。

缶

缶 ほとぎ 6画

音 カン
訓 ——

意味 ブリキなどで作った入れもの

語句 缶切《かんき》り・缶詰《かんづめ》・空缶《あきかん》・製缶《せいかん》・薬缶《やかん》

用例 缶切りを探《さが》している。果物《くだもの》の缶詰。空缶の再利用《さいりよう》。製缶技術《ぎじゅつ》は進歩《しんぽ》した。

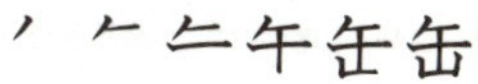

陥

阝 こざとへん 10画

音 カン
訓 おちい(る)
おとしい(れる) 高

意味 おちこむ・おとしいれる・欠点がある

語句 陥穽《かんせい》・陥没《かんぼつ》・陥落《かんらく》・欠陥《けっかん》・失陥《しっかん》

用例 陥穽にはまる。道路《どうろ》が陥没する。地盤《じばん》が陥落する。性格《せいかく》に欠陥がある。

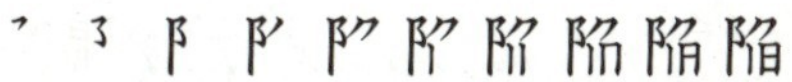

患

心 こころ 11画

音 カン
訓 わずら(う) 高

意味 わずらう・わざわい・心配する

語句 患者《かんじゃ》・患部《かんぶ》・急患《きゅうかん》・疾患《しっかん》・外患《がいかん》

用例 外来《がいらい》の患者。患部に薬《くすり》をぬる。急患が運《はこ》びこまれる。胸部《きょうぶ》疾患で苦《くる》しむ。

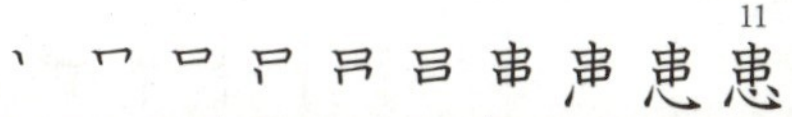

堪

扌 つちへん 12画

音 カン高

訓 た(える)

意味 こらえる・すぐれている

語句 堪忍《かんにん》・堪能《たんのう》

用例 堪忍袋《ぶくろ》の緒《お》が切《き》れる。演奏会《えんそうかい》で音楽《おんがく》を堪能した。

(3) 扌 圹 圹 坩 坩 坩 堪 堪 堪 堪

棺

木 きへん 12画

音 カン

訓 ――

意味 死体を納《おさ》める箱《はこ》・ひつぎ

語句 棺桶《かんおけ》・出棺《しゅっかん》・石棺《せっかん》・納棺《のうかん》

用例 死者《ししゃ》を棺桶に入《い》れる。出棺に付《つ》き添《そ》う。石棺が見《み》つかる。死者《ししゃ》を納棺する。

(2) 十 (4) 木 木 朩 柠 柠 柠 柠 棺 棺

款

欠 あくび・かける 12画

音 カン

訓 ――

意味 法律《ほうりつ》や証書《しょうしょ》などの項目《こうもく》・親《した》しみ

語句 交款《こうかん》・借款《しゃっかん》・定款《ていかん》・約款《やっかん》・落款《らっかん》

用例 交款を図《はか》る。借款が成立《せいりつ》する。定款を作成《さくせい》する。保険《ほけん》の約款をよく読《よ》む。

一 十 士 (5) 圭 𡈼 (8) 隶 款 款 款 款

閑

門 もんがまえ 12画

音 カン

訓 ――

意味 しずか・ひま・いいかげん

語句 閑散《かんさん》・閑寂《かんじゃく》・閑職《かんしょく》・閑静《かんせい》・森閑《しんかん》

用例 閑散とした通《とお》り。閑職に回《まわ》される。閑静な住宅地《じゅうたくち》。森閑とした神域《しんいき》。

丨 𠃍 ﾄ 𨳇 門 門 (8) 門 閂 閑 (12) 閑

寛

宀 うかんむり 13画

音 カン

訓 ――

意味 心がひろい・ゆたか・ゆとりがある

語句 寛厳《かんげん》・寛厚《かんこう》・寛仁《かんじん》・寛大《かんだい》・寛容《かんよう》

用例 寛厚な人物《じんぶつ》。寛仁大度《たいど》の人《ひと》。寛大な判決《はんけつ》。寛容な人柄《ひとがら》だ。

丶 丷 宀 宀 (6) 宀 宀 宀 (11) 寛 寛 寛

憾

忄（りっしんべん） 16画

音 カン

訓 ——

意味 残念に思う・うらむ

語句 憾恨《かんこん》・遺憾《いかん》・私憾《しかん》

用例 憾恨の情《じょう》を抱《いだ》く。不祥事発生《ふしょうじはっせい》については遺憾に思《おも》う。私憾をはらす。

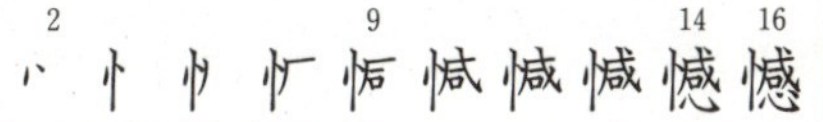

還

辶（しんにょう・しんにゅう） 16画

音 カン

訓 ——

意味 もとへもどる・かえる・めぐる

語句 還元《かんげん》・帰還《きかん》・生還《せいかん》・送還《そうかん》・返還《へんかん》

用例 酸化鉄《さんかてつ》を還元する。戦場《せんじょう》から帰還する。無事《ぶじ》生還した。領土《りょうど》を返還する。

艦

舟（ふねへん） 21画

音 カン

訓 ——

意味 戦争に用いる武装した船

語句 艦船《かんせん》・艦隊《かんたい》・艦長《かんちょう》・艦艇《かんてい》・戦艦《せんかん》

用例 艦船が到来《とうらい》した。敵《てき》艦隊を撃沈《げきちん》。艦長の指示《しじ》に従《したが》う。艦艇が軍港《ぐんこう》を出《で》る。

頑

頁（おおがい） 13画

音 ガン

訓 ——

意味 かたくな・かたいじ・じょうぶ

語句 頑強《がんきょう》・頑健《がんけん》・頑固《がんこ》・頑丈《がんじょう》・頑迷《がんめい》

用例 頑強な体格《たいかく》。頑健なだけがとり柄《え》だ。頑固な人《ひと》。頑丈な体《からだ》。頑迷なやつだ。

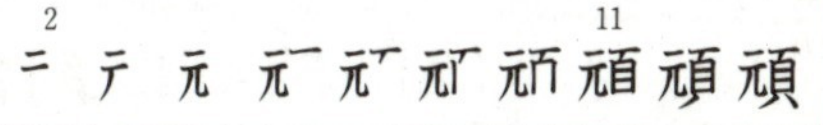

飢

食（しょくへん） 10画

音 キ

訓 う（える）

意味 ひもじくなる・穀物《こくもつ》が実らない

語句 飢餓《きが》・飢渇《きかつ》・飢饉《ききん》・飢《う》え死《じ》に

用例 飢餓に苦《くる》しむ人々《ひとびと》。飢渇にあえぐ。干《かん》ばつで飢饉が心配《しんぱい》される。

宜

部首：宀（うかんむり）　8画

音：ギ
訓：——

意味：よい・都合《つごう》がよい・当然《とうぜん》である
語句：時宜《じぎ》・適宜《てきぎ》・便宜《べんぎ》
用例：時宜を得《え》た処置《しょち》だった。適宜休憩《きゅうけい》をとる。消費者《しょうひしゃ》の便宜を図《はか》る。

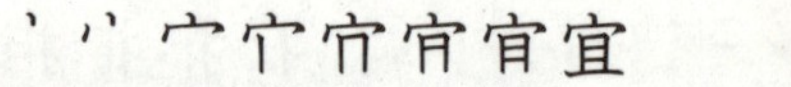

偽

部首：亻（にんべん）　11画

音：ギ
訓：いつわ(る)　にせ(高)

意味：いつわる・うそ・にせもの
語句：偽証《ぎしょう》・偽造《ぎぞう》・偽札《にせさつ》・虚偽《きょぎ》・真偽《しんぎ》
用例：偽証罪《ざい》に問《と》われる。紙幣《しへい》を偽造する。虚偽の申告《しんこく》をする。偽札が見《み》つかる。

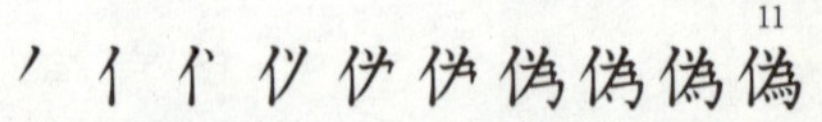

擬

部首：扌（てへん）　17画

音：ギ
訓：——

意味：まねる・にせる・みせかける
語句：擬音《ぎおん》・擬似《ぎじ》・擬人法《ぎじんほう》・擬態《ぎたい》・模擬《もぎ》
用例：波《なみ》の擬音を出《だ》す。かぜの擬似症状《しょうじょう》。擬態を示《しめ》す昆虫《こんちゅう》。模擬試験《しけん》を受《う》ける。

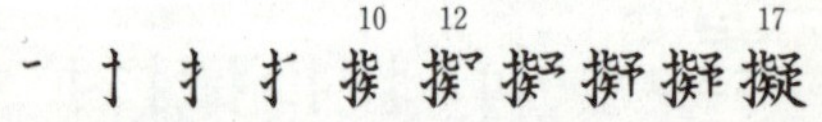

糾

部首：糸（いとへん）　9画

音：キュウ
訓：——

意味：あわせる・もつれる・取り調べる
語句：糾合《きゅうごう》・糾弾《きゅうだん》・糾明《きゅうめい》・糾問《きゅうもん》・紛糾《ふんきゅう》
用例：同志《どうし》を糾合する。政府《せいふ》を糾弾する。汚職《おしょく》を糾明する。国会《こっかい》が紛糾する。

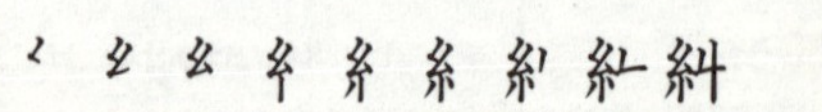

窮

部首：穴（あなかんむり）　15画

音：キュウ
訓：きわ(める)(高)　きわ(まる)(高)

意味：ゆきつくす・こまる
語句：窮屈《きゅうくつ》・窮地《きゅうち》・窮乏《きゅうぼう》・困窮《こんきゅう》・貧窮《ひんきゅう》
用例：窮屈な服《ふく》。窮地におちいる。窮乏生《せい》活《かつ》に耐《た》える。生活《せいかつ》が困窮する。

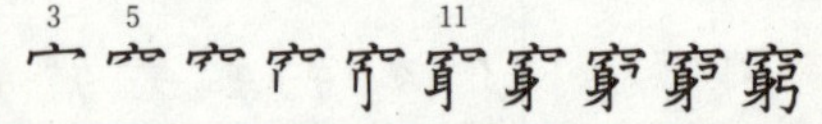

拒

扌 てへん　8画

音 キョ
訓 こば(む)

意味 よせつけない・ことわる
語句 拒止《きょし》・拒絶《きょぜつ》・拒否《きょひ》・抗拒《こうきょ》・峻拒《しゅんきょ》
用例 警察《けいさつ》の介入《かいにゅう》を**拒止**。要求《ようきゅう》を**拒絶**する。**拒否**権《けん》を行使《こうし》。命令《めいれい》は断固《だんこ》**抗拒**する。

享

亠 なべぶた・けいさんかんむり　8画

音 キョウ
訓 ——

意味 身にうける・すすめる・もてなす
語句 享持《きょうじ》・享受《きょうじゅ》・享年《きょうねん》・享有《きょうゆう》・享楽《きょうらく》
用例 自由《じゆう》を**享持**する。美《び》を**享受**する。生《い》きる権利《けんり》を**享有**する。**享楽**にふける。

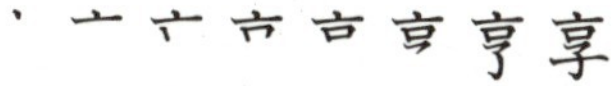

挟

扌 てへん　9画

音 キョウ(高)
訓 はさ(む)
はさ(まる)

意味 両がわからせまる・はさむ
語句 挟撃《きょうげき》・挟攻《きょうこう》・挟殺《きょうさつ》・挟書《きょうしょ》
用例 両面《りょうめん》からの**挟撃**に遭《あ》う。敵《てき》を**挟攻**する。禁書《きんしょ》を**挟書**する者《もの》は罰《ばっ》せられる。

恭

⺗ したごころ　10画

音 キョウ
訓 うやうや(しい)(高)

意味 うやうやしい・つつしむ
語句 恭悦《きょうえつ》・恭賀《きょうが》・恭敬《きょうけい》・恭倹《きょうけん》・恭順《きょうじゅん》
用例 **恭悦**に存《ぞん》じます。新年《しんねん》を**恭賀**する。師《し》を**恭敬**する。**恭順**の意《い》を表《ひょう》する。

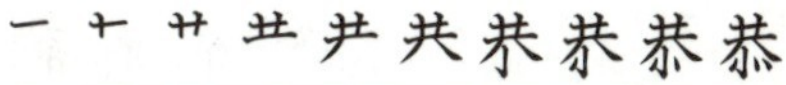

矯

矢 やへん　17画

音 キョウ
訓 た(める)(高)

意味 ただしくなおす・いつわる・つよい
語句 矯激《きょうげき》・矯飾《きょうしょく》・矯正《きょうせい》・矯風《きょうふう》・奇矯《ききょう》
用例 **矯飾**して語《かた》る。欠点《けってん》を**矯正**する。乱《みだ》れたモラルを**矯風**する。**奇矯**な行動《こうどう》。

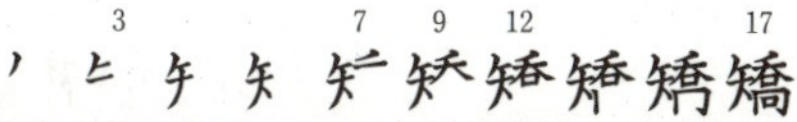

暁

日 ひへん　12画

音 ギョウ（高）
訓 あかつき

意味　夜あけ・あきらか・よくわかる
語句　暁雲《ぎょううん》・暁天《ぎょうてん》・今暁《こんぎょう》・通暁《つうぎょう》・払暁《ふつぎょう》
用例　美《うつく》しい暁雲。暁天が染《そ》まる。今暁に出発《しゅっぱつ》する。業界《ぎょうかい》の事情《じじょう》に通暁している。

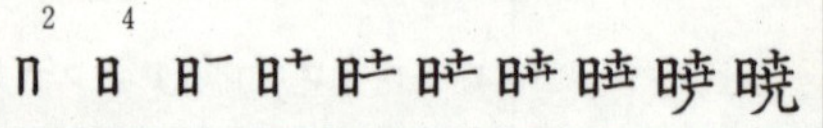

菌

艹 くさかんむり　11画

音 キン
訓 ―

意味　キノコやカビの類・ばいきん
語句　細菌《さいきん》・殺菌《さっきん》・雑菌《ざっきん》・病原菌《びょうげんきん》・無菌《むきん》
用例　細菌の培養《ばいよう》。熱湯《ねっとう》で殺菌する。新《あたら》しい病原菌の発見《はっけん》。無菌状態《じょうたい》の部屋《へや》。

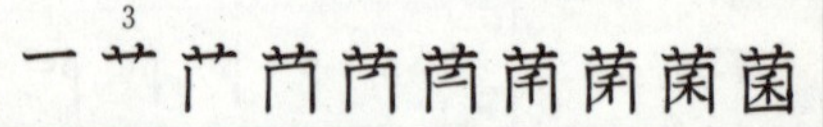

琴

王 おう　12画

音 キン
訓 こと

意味　楽器のこと
語句　琴線《きんせん》・琴歌《ことうた》・月琴《げっきん》・弾琴《だんきん》・木琴《もっきん》
用例　心《こころ》の琴線に触《ふ》れる。仏前《ぶつぜん》で供養《くよう》のため弾琴した。木琴の合奏《がっそう》をする。

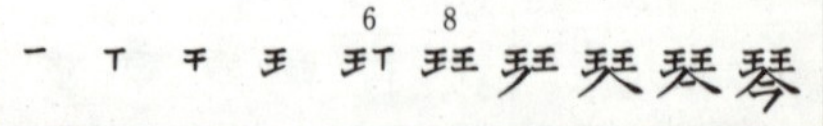

謹

言 ごんべん　17画

音 キン
訓 つつし(む)

意味　かしこまる・つつしむ・おもんじる
語句　謹賀《きんが》・謹啓《きんけい》・謹慎《きんしん》・謹呈《きんてい》・恭謹《きょうきん》
用例　謹賀新年《しんねん》　本年《ほんねん》もよろしく。自宅《じたく》で謹慎する。自著《じちょ》を謹呈する。

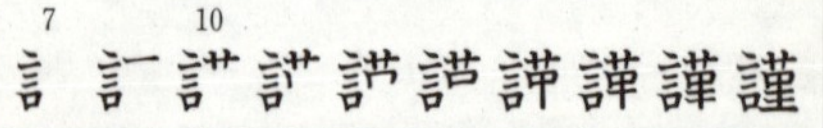

襟

衤 ころもへん　18画

音 キン（高）
訓 えり

意味　えり・むねのうち・こころの中
語句　襟足《えりあし》・襟章《えりしょう》・襟元《えりもと》・開襟《かいきん》・胸襟《きょうきん》
用例　襟章をつける。襟元を整《ととの》える。開襟シャツを着《き》る。胸襟を開《ひら》いて話《はな》す。

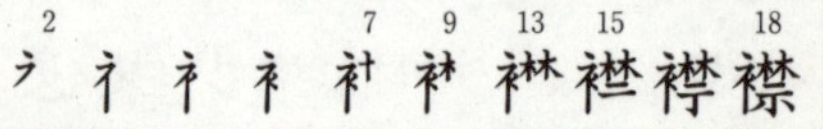

吟

口 くちへん 7画

音 ギン

訓 ——

意味 うめく・うたう・調べる

語句 吟詠《ぎんえい》・吟行《ぎんこう》・吟味《ぎんみ》・苦吟《くぎん》・詩吟《しぎん》

用例 詩歌《しいか》を吟詠する。作品《さくひん》の吟味。苦吟のあとがみられる。彼《かれ》は詩吟がうまい。

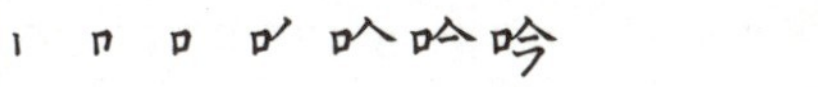

隅

阝 こざとへん 12画

音 グウ

訓 すみ

意味 かど・すみ

語句 隅隅《すみずみ》・一隅《いちぐう》・辺隅《へんぐう》・片隅《かたすみ》

用例 隅隅まで掃除《そうじ》した。世《よ》の一隅を照《て》らす。辺隅に居《きょ》を構《かま》える。庭《にわ》の片隅。

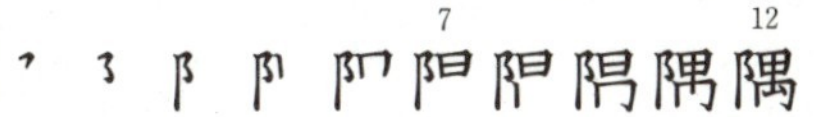

勲

力 ちから 15画

音 クン

訓 ——

意味 国家のためにたてた手柄《てがら》

語句 勲位《くんい》・勲章《くんしょう》・殊勲《しゅくん》・叙勲《じょくん》・武勲《ぶくん》

用例 勲位が高《たか》い。文化《ぶんか》勲章を受《う》ける。殊勲の星《ほし》をあげる。秋《あき》の叙勲が行《おこな》われる。

薫

艹 くさかんむり 16画

音 クン(高)

訓 かお(る)

意味 かおる・人を感化《かんか》する・いぶす

語句 薫育《くんいく》・薫製《くんせい》・薫陶《くんとう》・薫風《くんぷう》・余薫《よくん》

用例 肉《にく》の薫製。師《し》の薫陶を受《う》ける。薫風さわやかな五月《ごがつ》。香《こう》の余薫がある。

茎

艹 くさかんむり 8画

音 ケイ

訓 くき

意味 くき・はしら

語句 塊茎《かいけい》・球茎《きゅうけい》・根茎《こんけい》・地下茎《ちかけい》・歯茎《はぐき》

用例 ジャガイモは塊茎だ。里芋《さといも》は球茎だ。ハスは根茎だ。歯茎から血《ち》が出《で》る。

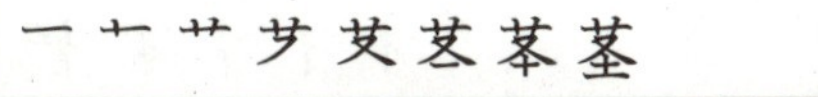

渓

氵 さんずい 11画

音 ケイ
訓 ——

意味 谷間を流れる川
語句 渓間《けいかん》・渓谷《けいこく》・渓水《けいすい》・渓流《けいりゅう》・雪渓《せっけい》
用例 壮大《そうだい》な渓谷。清《きよ》らかな渓水。渓流に架《か》かった釣《つ》り橋《ばし》。雪渓を歩《ある》く。

蛍

虫 むし 11画

音 ケイ
訓 ほたる

意味 ホタル・ホタルの様な光を出すもの
語句 蛍光《けいこう》・蛍雪《けいせつ》・蛍窓《けいそう》・蛍火《ほたるび》
用例 蛍光塗料《とりょう》を塗《ぬ》る。蛍雪の功《こう》を積《つ》む。暗夜《あんや》に蛍火がひかる。

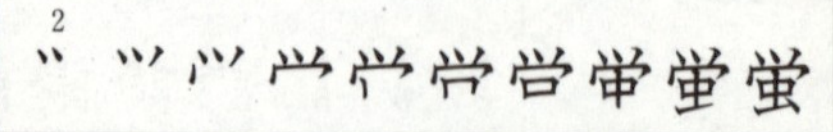

慶

心 こころ 15画

音 ケイ
訓 ——

意味 よろこぶ・めでたいこと
語句 慶賀《けいが》・慶祝《けいしゅく》・慶弔《けいちょう》・大慶《たいけい》・同慶《どうけい》
用例 慶賀の祝典《しゅくてん》。慶祝の宴《えん》をはる。慶弔電報《でんぽう》を打《う》つ。大慶至極《しごく》に存《ぞん》じます。

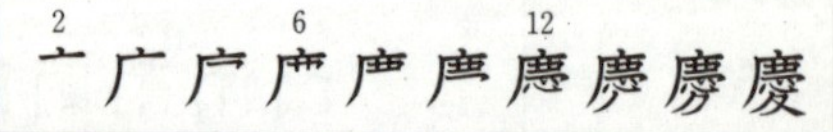

傑

亻 にんべん 13画

音 ケツ
訓 ——

意味 すぐれる・すぐれた人
語句 傑作《けっさく》・傑出《けっしゅつ》・傑物《けつぶつ》・豪傑《ごうけつ》・女傑《じょけつ》
用例 多《おお》くの傑作を残《のこ》した。傑出した腕前《うでまえ》。財界《ざいかい》きっての傑物。天下《てんか》の豪傑。

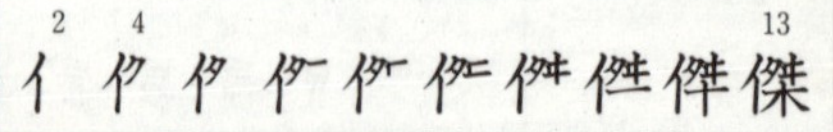

嫌

女 おんなへん 13画

音 ケン ゲン
訓 きら(う) いや

意味 いやがる・うたがう
語句 嫌煙《けんえん》・嫌悪《けんお》・嫌疑《けんぎ》・嫌気《いやけ》・機嫌《きげん》
用例 自己《じこ》嫌悪に陥《おちい》る。嫌疑を晴《は》らす。こんな毎日《まいにち》に嫌気がさす。機嫌が悪《わる》い。

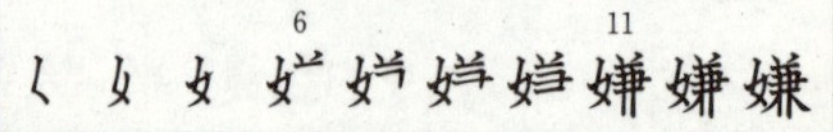

献

犬《いぬ》　13画

音　ケン・コン
訓　―

意味　ささげる・すすめる
語句　献金《けんきん》・献上《けんじょう》・献身《けんしん》・献立《こんだて》・貢献《こうけん》
用例　教会《きょうかい》に献金する。献上の品《しな》。献身的《てき》に看病《かんびょう》する。国際社会《こくさいしゃかい》に貢献する。

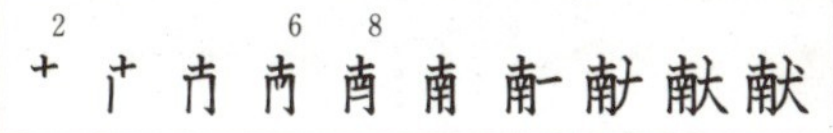

謙

言《ごんべん》　17画

音　ケン
訓　―

意味　へりくだる・うやまう・つつしむ
語句　謙虚《けんきょ》・謙辞《けんじ》・謙譲《けんじょう》・謙遜《けんそん》・恭謙《きょうけん》
用例　謙虚に耳《みみ》を傾《かたむ》ける。謙譲の美徳《びとく》を発揮《はっき》する。自己《じこ》を謙遜する。恭謙の念《ねん》。

繭

糸《いと》　18画

音　ケン(高)
訓　まゆ

意味　まゆ・わたいれ・きぬもの
語句　繭糸《けんし》・繭玉《まゆだま》・蚕繭《さんけん》・初繭《はつまゆ》・山繭《やままゆ》
用例　繭糸を産《さん》する。繭玉を飾《かざ》る。蚕繭から糸《いと》を紡《つむ》ぐ。山繭の糸《いと》で織《お》った絹織物《きぬおりもの》。

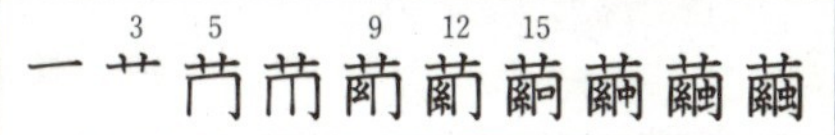

顕

頁《おおがい》　18画

音　ケン
訓　―

意味　あきらか・あらわれる・名高い
語句　顕在《けんざい》・顕示《けんじ》・顕著《けんちょ》・顕微鏡《けんびきょう》・露顕《ろけん》
用例　自己《じこ》顕示欲《よく》が強《つよ》い。顕著な特徴《とくちょう》。顕微鏡をのぞく。悪事《あくじ》が露顕する。

懸

心《こころ》　20画

音　ケン・ケ(高)
訓　か(ける)・か(かる)

意味　つりさげる・心にひっかかる
語句　懸案《けんあん》・懸賞《けんしょう》・懸垂《けんすい》・懸命《けんめい》・懸念《けねん》
用例　懸案の問題《もんだい》。懸垂運動《うんどう》をする。一生《いっしょう》懸命努力《どりょく》する。天気《てんき》を懸念する。

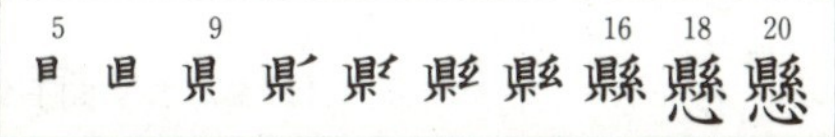

弦

弓（ゆみへん） 8画

音 ゲン
訓 つる㊫

意味 弓のつる・半月・楽器に張《は》る糸
語句 弦楽《げんがく》・弦音《つるおと》・下弦《かげん》・管弦《かんげん》・上弦《じょうげん》
用例 弦楽四重奏団《しじゅうそうだん》のメンバー。矢《や》を弦音高《たか》く放《はな》つ。下弦の月《つき》。管弦楽《がく》を聴《き》く。

ㇷ ㇴ 弓 引 弘 弦 弦 弦

呉

口（くち） 7画

音 ゴ
訓 ――

意味 中国の古い国名・大きい・やかましい
語句 呉越同舟《ごえつどうしゅう》・呉音《ごおん》・呉服《ごふく》
用例 呉越同舟の研修会《けんしゅうかい》。漢字《かんじ》の音《おん》には呉音や漢音《かんおん》がある。呉服商《しょう》を営《いとな》む。

丨 口 口 吕 吴 呉 呉

碁

石（いし） 13画

音 ゴ
訓 ――

意味 ご
語句 碁石《ごいし》・碁敵《ごがたき》・碁盤《ごばん》・囲碁《いご》・詰《つ》め碁《ご》
用例 白《しろ》の碁石。碁盤を出《だ》して碁を打《う》つ。囲碁大会《たいかい》に出場《しゅつじょう》する。詰め碁を解《と》く。

一 十 廾 甘(5) 甘 其 其 其 其 碁(13)

江

氵（さんずい） 6画

音 コウ
訓 え

意味 大きな川・もとは揚子江《ようすこう》のこと
語句 江河《こうが》・江南《こうなん》・江戸《えど》・長江《ちょうこう》・入《い》り江《え》
用例 江戸の町人文化《ちょうにんぶんか》。揚子江の正称《せいしょう》は長江である。入り江に船《ふね》が避難《ひなん》する。

丶 冫 氵 氵 汀 江

肯

肉（にく） 8画

音 コウ
訓 ――

意味 ききいれる・うなずく
語句 肯諾《こうだく》・肯定《こうてい》・首肯《しゅこう》
用例 肯諾を強《し》いられる。新方針《しんほうしん》については肯定的《てき》な意見《いけん》が多《おお》い。首肯しかねる。

丨 卜 止 止 肯 肯 肯 肯

侯

亻 にんべん 9画

音 コウ
訓 ―

意味 とのさま・きみ・こうしゃく

語句 侯爵《こうしゃく》・王侯《おうこう》・諸侯《しょこう》・藩侯《はんこう》・列侯《れっこう》

用例 王侯貴族《きぞく》が集《つど》う。西国《さいごく》の諸侯が幕府《ばくふ》に背《そむ》く。列侯会議《かいぎ》を開《ひら》く。

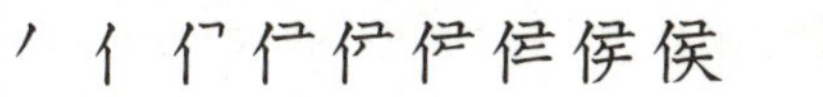

洪

氵 さんずい 9画

音 コウ
訓 ―

意味 大量にあふれてひろがる・大きい

語句 洪恩《こうおん》・洪業《こうぎょう》・洪水《こうずい》・洪積層《こうせきそう》・洪大《こうだい》

用例 父母《ふぼ》の洪恩は海《うみ》よりも大《おお》きい。大雨《おおあめ》で洪水となる。洪積層から化石《かせき》が出《で》る。

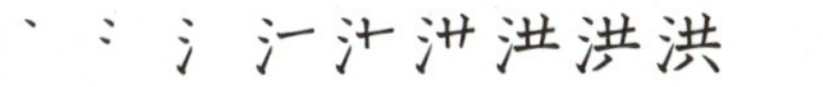

貢

貝 かい・こがい 10画

音 コウ
ク㊊
訓 みつ(ぐ)㊊

意味 さしだす・すすめる・みつぎもの

語句 貢献《こうけん》・貢租《こうそ》・貢《みつ》ぎ物《もの》・朝貢《ちょうこう》・年貢《ねんぐ》

用例 社会《しゃかい》の発展《はってん》に貢献したい。外国《がいこく》から朝貢の使者《ししゃ》がくる。年貢を取《と》り立《た》てる。

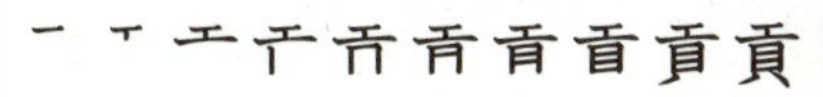

溝

氵 さんずい 13画

音 コウ
訓 みぞ

意味 くぼみ・みぞ

語句 溝渠《こうきょ》・海溝《かいこう》・下水溝《げすいこう》・側溝《そっこう》・排水溝《はいすいこう》

用例 下水溝の修繕《しゅうぜん》をする。側溝をつくって排水《はいすい》をよくする。排水溝に流《なが》す。

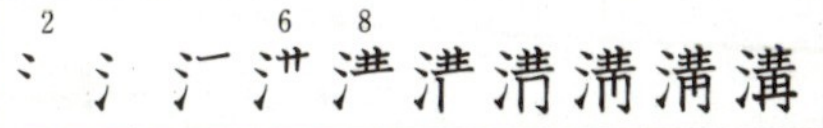

衡

行 ぎょうがまえ・ゆきがまえ 16画

音 コウ
訓 ―

意味 はかり・よこ・つりあい

語句 合従連衡《がっしょうれんこう》・均衡《きんこう》・度量衡《どりょうこう》・平衡《へいこう》

用例 アジアの国々《くにぐに》と合従連衡する。国際《こくさい》収支《しゅうし》を均衡させる。心《こころ》の平衡を保《たも》つ。

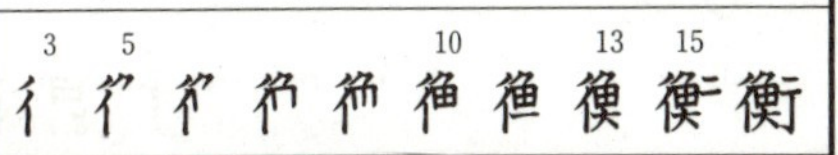

購

貝（かいへん）　17画

音 コウ
訓 —

意味 お金を出して自分のものにする

語句 購求《こうきゅう》・購読《こうどく》・購入《こうにゅう》・購買《こうばい》

用例 不足《ふそく》する物資《ぶっし》を購求した。外国誌《がいこくし》を購読している。購買意欲《いよく》が薄《うす》れる。

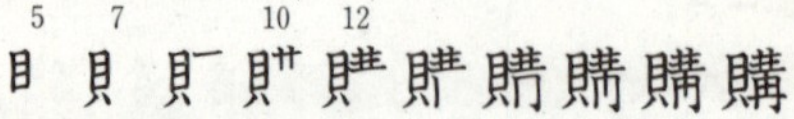

拷

扌（てへん）　9画

音 ゴウ
訓 —

意味 たたいてせめる

語句 拷器《ごうき》・拷問《ごうもん》

用例 拷器を見《み》せて自白《じはく》を強《し》いる。白状《はくじょう》しないと拷問にかけるぞ。

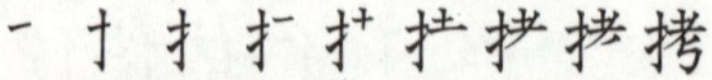

剛

刂（りっとう）　10画

音 ゴウ
訓 —

意味 かたい・つよい・さかん

語句 剛健《ごうけん》・剛胆《ごうたん》・剛直《ごうちょく》・金剛《こんごう》・内剛外柔《ないごうがいじゅう》

用例 質実《しつじつ》剛健の気風《きふう》がある。剛胆をもって鳴《な》る。いかにも剛直な人《ひと》だ。

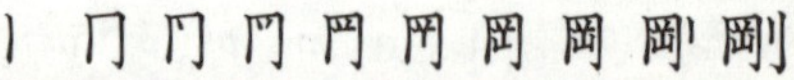

酷

酉（とりへん）　14画

音 コク
訓 —

意味 はなはだしい・むごい・きびしい

語句 酷使《こくし》・酷似《こくじ》・酷寒《こっかん》・過酷《かこく》・残酷《ざんこく》

用例 体《からだ》を酷使する。酷寒の地《ち》に住《す》む。過酷な試練《しれん》に耐《た》える。戦争《せんそう》は残酷だ。

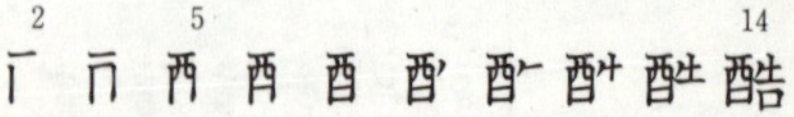

昆

日（ひ）　8画

音 コン
訓 —

意味 虫・多い・兄

語句 昆虫《こんちゅう》・昆弟《こんてい》・昆布《こん(こ)ぶ》

用例 昆虫採集《さいしゅう》をする。昆弟とは兄弟《きょうだい》のことだ。昆布でだしをとる。

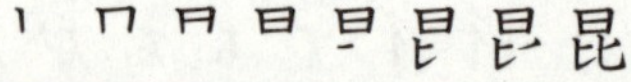

懇

心 こころ 17画

音 コン

訓 ねんご(ろ) 高

意味 うちとける・心をこめる・ていねい

語句 懇意《こんい》・懇願《こんがん》・懇親《こんしん》・懇切《こんせつ》・懇談《こんだん》

用例 あの方《かた》とは懇意にしている。協力《きょうりょく》を懇願する。懇切ていねいに説明《せつめい》する。

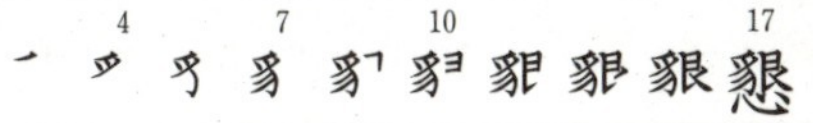

佐

亻 にんべん 7画

音 サ

訓 ——

意味 たすける・「将」の次・てつだい

語句 佐官《さかん》・佐幕《さばく》・一等陸佐《いっとうりくさ》・大佐《たいさ》・補佐《ほさ》

用例 勤皇論《きんのうろん》に対抗《たいこう》するのは佐幕の者《もの》たちだ。監督《かんとく》の補佐役《やく》を務《つと》める。

唆

口 くちへん 10画

音 サ

訓 そそのか(す) 高

意味 そそのかす・けしかける

語句 教唆《きょうさ》・示唆《しさ(じさ)》

用例 教唆扇動《せんどう》する。今回《こんかい》の講演《こうえん》は示唆に富《と》む話《はなし》が多《おお》かった。

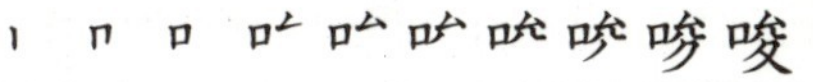

詐

言 ごんべん 12画

音 サ

訓 ——

意味 いつわる・だます・うそ

語句 詐欺《さぎ》・詐取《さしゅ》・詐術《さじゅつ》・詐称《さしょう》・詐謀《さぼう》

用例 それは詐欺行為《こうい》だ。土地《とち》と動産《どうさん》を詐取された。詐謀奇計《きけい》は用《もち》いず。

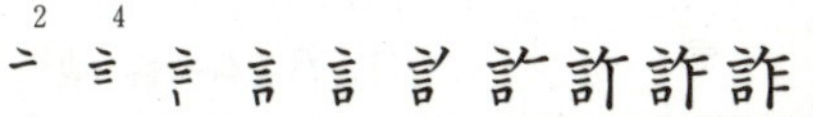

砕

石 いしへん 9画

音 サイ

訓 くだ(く) くだ(ける)

意味 くだく・こな・わずらわしい

語句 砕氷《さいひょう》・破砕《はさい》・粉骨砕身《ふんこつさいしん》・粉砕《ふんさい》・腰砕《こしくだ》け

用例 砕氷船《せん》が出動《しゅつどう》。岩石《がんせき》を破砕する。粉骨砕身社業《しゃぎょう》に打《う》ち込《こ》む。腰砕けとなる。

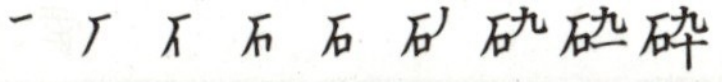

宰

宀 うかんむり　10画

音 サイ
訓 ——

意味 とりしまる・つかさどる・かしら

語句 宰相《さいしょう》・宰領《さいりょう》・家宰《かさい》・主宰《しゅさい》・太宰府《だざいふ》

用例 一国《いっこく》の宰相となる。催《もよお》しのすべてを宰領する。同人誌《どうじんし》の主宰者《しゃ》をしている。

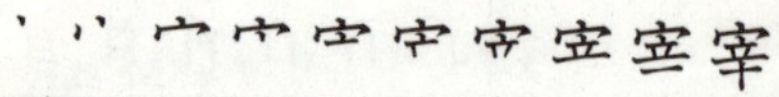

栽

木 き　10画

音 サイ
訓 ——

意味 植える・植えこみ・わかい芽

語句 栽培《さいばい》・植栽《しょくさい》・前栽《せんざい》・盆栽《ぼんさい》

用例 野菜《やさい》を栽培する。防風林《ぼうふうりん》として植栽する。祖父《そふ》は盆栽を趣味《しゅみ》としている。

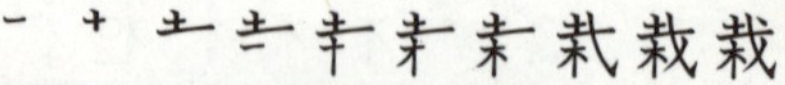

斎

斉 せい　11画

音 サイ
訓 ——

意味 つつしむ・いえ・へや・ものいみ

語句 斎戒《さいかい》・斎主《さいしゅ》・斎場《さいじょう》・潔斎《けっさい》・書斎《しょさい》

用例 斎戒沐浴《もくよく》の習慣《しゅうかん》がある。葬儀《そうぎ》は斎場で行《おこな》われる。書斎で読書《どくしょ》を楽《たの》しむ。

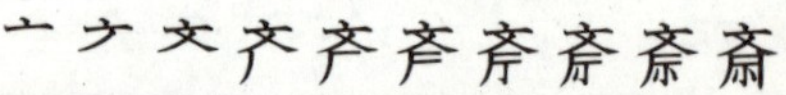

崎

山 やまへん　11画

音 ——
訓 さき

意味 さき・けわしい・あやうい

語句 御前崎《おまえざき》

用例 台風《たいふう》は今夜半《こんやはん》、御前崎に上陸《じょうりく》する公《こう》算《さん》が大《だい》だ。

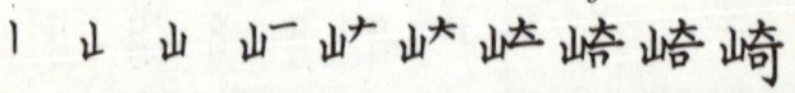

索

糸 いと　10画

音 サク
訓 ——

意味 なわ・さがし求める・ものさびしい

語句 索漠《さくばく》・検索《けんさく》・捜索《そうさく》・探索《たんさく》・模索《もさく》

用例 索漠たる冬《ふゆ》の荒野《こうや》。遭難者《そうなんしゃ》を捜索する。事件《じけん》を探索する。方法《ほうほう》を模索する。

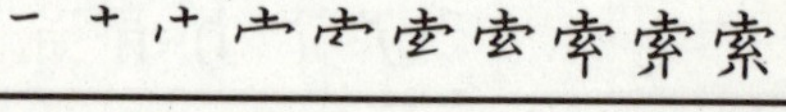

酢

酉 とりへん 12画

音 サク
訓 す

意味 す・すっぱい
語句 酢酸《さくさん》・酢《す》の物《もの》・甘酢《あまず》・梅酢《うめず》・三杯酢《さんばいず》
用例 酢酸は食酢《しょくす》の主《おも》な成分《せいぶん》だ。料理《りょうり》に酢の物が出《で》る。三杯酢であえる。

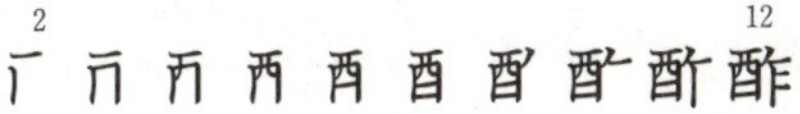

桟

木 きへん 10画

音 サン
訓 ——

意味 かけはし・さんばし・たな
語句 桟閣《さんかく》・桟道《さんどう》・桟橋《さんばし》
用例 きこりが桟閣を通《とお》りかかる。険《けわ》しいがけに桟道がかかる。船《ふね》が桟橋に着《つ》く。

傘

人 ひとやね 12画

音 サン(高)
訓 かさ

意味 かさ
語句 傘下《さんか》・傘立《かさた》て・落下傘《らっかさん》・雨傘《あまがさ》・日傘《ひがさ》
用例 小《ちい》さな会社《かいしゃ》を傘下に収《おさ》める。落下傘が降下《こうか》。帰宅《きたく》のころには雨傘が必要《ひつよう》。

肢

月 にくづき 8画

音 シ
訓 ——

意味 てあし・もとからわかれたもの
語句 肢体《したい》・下肢《かし》・義肢《ぎし》・四肢《しし》・選択肢《せんたくし》
用例 頑強《がんきょう》な肢体を誇《ほこ》る。下肢を鍛《きた》える。四肢を伸《の》ばす。選択肢を幾《いく》つか挙《あ》げる。

嗣

口 くち 13画

音 シ
訓 ——

意味 〔家などの〕あとをつぐ
語句 嗣子《しし》・継嗣《けいし》・嫡嗣《ちゃくし》
用例 大名家《だいみょうけ》の嗣子に生《う》まれる。継嗣をめぐってお家騒動《いえそうどう》が起《お》きる。

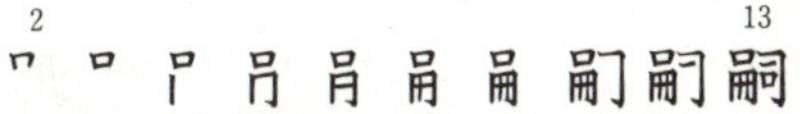

賜

貝 かいへん　15画

音 シ（高）
訓 たまわ(る)

意味　身分の高い人からいただく・めぐむ
語句　賜暇《しか》・賜杯《しはい》・恩賜《おんし》・下賜《かし》・恵賜《けいし》
用例　賜杯を手《て》にして喜《よろこ》びにひたる。恩賜のたばこをのむ。杯《はい》が下賜される。

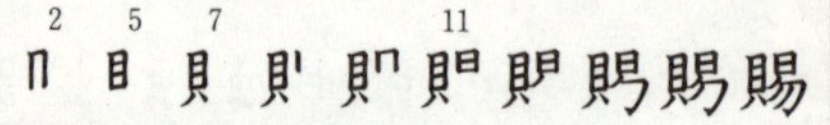

滋

氵 さんずい　12画

音 ジ
訓 ——

意味　うるおす・しげる・栄養がある
語句　滋育《じいく》・滋雨《じう》・滋味《じみ》・滋養《じよう》
用例　愛《いと》し子《ご》を滋育する。滋味豊《ゆた》かな山里《やまざと》の味《あじ》。牛乳《ぎゅうにゅう》は滋養に富《と》んでいる。

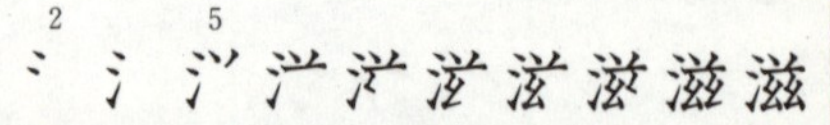

璽

玉 たま　19画

音 ジ
訓 ——

意味　天子、国王の印《いん》・しるし
語句　印璽《いんじ》・御璽《ぎょじ》・玉璽《ぎょくじ》・国璽《こくじ》・神璽《しんじ》
用例　黄金《おうごん》の印鑑《いんかん》には天皇《てんのう》御璽と彫《ほ》られてある。日本国《にっぽんこく》国璽を押《お》す。

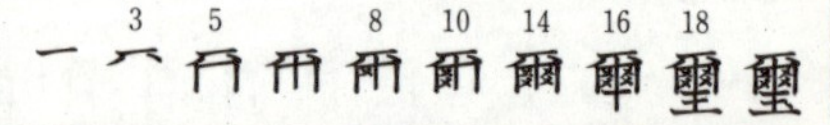

漆

氵 さんずい　14画

音 シツ
訓 うるし

意味　うるし・ぬる・うるしのように黒い
語句　漆器《しっき》・漆工《しっこう》・漆黒《しっこく》・漆細工《うるしざいく》・乾漆《かんしつ》
用例　漆器のわん。輪島《わじま》の漆工。美《うつく》しい漆黒の髪《かみ》だ。土産《みやげ》に漆細工を買《か》う。

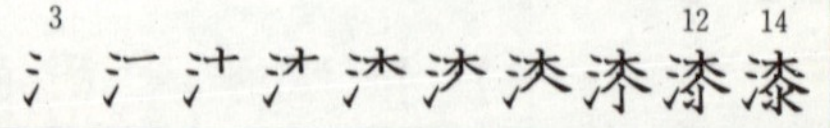

遮

辶 しんにょう・しんにゅう　14画

音 シャ
訓 さえぎ(る)

意味　さえぎる・とどめる・おおいかくす
語句　遮音《しゃおん》・遮光《しゃこう》・遮絶《しゃぜつ》・遮断《しゃだん》・遮蔽《しゃへい》
用例　遮音壁《へき》を設《もう》ける。カーテンで遮光する。交通《こうつう》が遮断される。

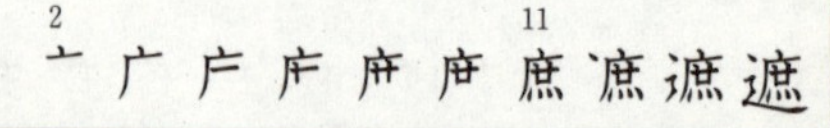

蛇

虫 むしへん 11画

音 ジャ ダ

訓 へび

意味 へび・へびににた形のもの

語句 蛇口《じゃぐち》・蛇行《だこう》・蛇足《だそく》・大蛇《だいじゃ》・長蛇《ちょうだ》

用例 水道《すいどう》の蛇口をひねる。海上《かいじょう》を蛇行する。蛇足を加《くわ》える。長蛇の列《れつ》をつくる。

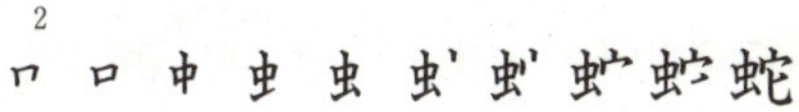

勺

勹 つつみがまえ 3画

音 シャク

訓 ——

意味 容積《ようせき》の単位《たんい》・ひしゃく・くむ

語句 一勺《いっしゃく》の酒《さけ》

用例 一勺の酒でも顔《かお》が赤《あか》くなる。

酌

酉 とりへん 10画

音 シャク

訓 く(む) (高)

意味 くむ・さかずき・事情《じじょう》をくみとる

語句 酌量《しゃくりょう》・酌《く》み交《か》わす・手酌《てじゃく》・独酌《どくしゃく》・晩酌《ばんしゃく》

用例 情状《じょうじょう》酌量の余地《よち》あり。独《ひと》り手酌で飲《の》む。冬《ふゆ》の晩酌は熱《あつ》かんにする。

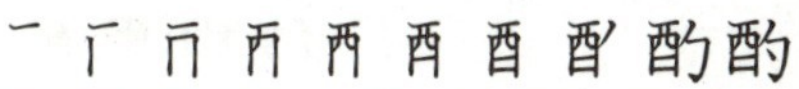

爵

爫 つめかんむり・つめがしら 17画

音 シャク

訓 ——

意味 貴族の等級をあらわすことば・栄誉《えいよ》

語句 爵位《しゃくい》・公爵《こうしゃく》・侯爵《こうしゃく》・叙爵《じょしゃく》・伯爵《はくしゃく》

用例 爵位には公爵、子爵《ししゃく》など五階級《ごかいきゅう》ある。叙爵の栄《えい》に浴《よく》す。彼女《かのじょ》は伯爵夫人《ふじん》だ。

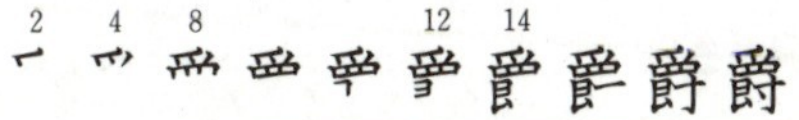

珠

王 おうへん・たまへん 10画

音 シュ

訓 ——

意味 たま・物事《ものごと》の美称《びしょう》

語句 珠玉《しゅぎょく》・珠算《しゅざん》・真珠《しんじゅ》・連珠《れんじゅ》・数珠《じゅず》

用例 珠玉の短編集《たんぺんしゅう》だ。珠算と簿記《ぼき》を習《なら》う。真珠の首飾《くびかざ》りを贈《おく》る。数珠をつま繰《ぐ》る。

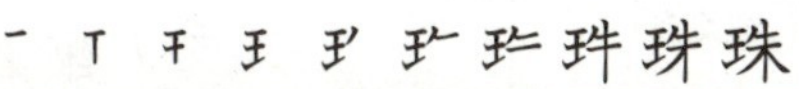

儒

亻 にんべん 16画

音 ジュ
訓 ——

意味 学者・孔子《こうし》の教え
語句 儒家《じゅか》・儒学《じゅがく》・儒教《じゅきょう》・儒者《じゅしゃ》・大儒《たいじゅ》
用例 儒家の門《もん》に学《まな》ぶ。儒学は中国《ちゅうごく》より渡来《とらい》した。儒教の精神《せいしん》を受《う》けついでいる。

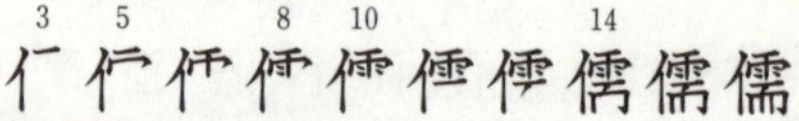

囚

囗 くにがまえ 5画

音 シュウ
訓 ——

意味 とらえる・とりこ・とらわれた人
語句 囚人《しゅうじん》・死刑囚《しけいしゅう》・女囚《じょしゅう》・脱獄囚《だつごくしゅう》・未決囚《みけつしゅう》
用例 囚人を護送《ごそう》する。死刑囚として日日《ひび》を送《おく》っている。脱獄囚の行方《ゆくえ》を追《お》う。

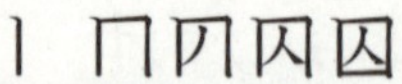

臭

自 みずから 9画

音 シュウ
訓 くさ(い)

意味 いやなにおい・好《この》ましくない
語句 臭気《しゅうき》・悪臭《あくしゅう》・体臭《たいしゅう》・無臭《むしゅう》・生臭《なまぐさ》い
用例 臭気が立《た》ち込《こ》める。悪臭を放《はな》つ。空気《くうき》は無色《むしょく》無臭である。生臭い話《はなし》だ。

愁

心 こころ 13画

音 シュウ
訓 うれ(える)高
うれ(い)高

意味 ものさびしさに気持ちがしずむ
語句 愁傷《しゅうしょう》・哀愁《あいしゅう》・郷愁《きょうしゅう》・憂愁《ゆうしゅう》・旅愁《りょしゅう》
用例 この度《たび》はご愁傷さまでした。哀愁を帯《お》びたひとみだ。郷愁をそそる風景《ふうけい》。

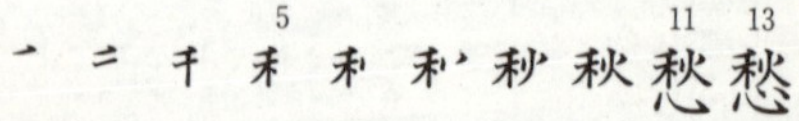

酬

酉 とりへん 13画

音 シュウ
訓 ——

意味 むくいる・お返しをする
語句 応酬《おうしゅう》・貴酬《きしゅう》・献酬《けんしゅう》・報酬《ほうしゅう》
用例 論戦《ろんせん》の応酬はみごとであった。盛《さか》んに献酬する。善行《ぜんこう》への報酬は感謝《かんしゃ》です。

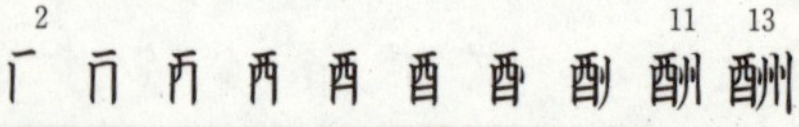

醜

酉（とりへん） 17画

音 ジュウ

訓 みにく(い)

意味 みにくい・にくむ・けがれ

語句 醜悪《しゅうあく》・醜態《しゅうたい》・醜聞《しゅうぶん》・醜名《しゅうめい》・美醜《びしゅう》

用例 とんだ**醜態**をさらけだす。**醜聞**を暴《あば》かれる。容姿《ようし》の**美醜**は問《と》わない。

3 5 7 9 13 17

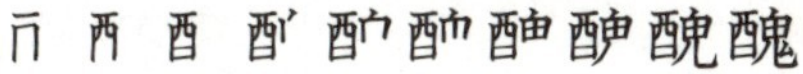

汁

氵（さんずい） 5画

音 ジュウ

訓 しる

意味 つゆ・しる

語句 一汁一菜《いちじゅういっさい》・果汁《かじゅう》・苦汁《くじゅう》・墨汁《ぼくじゅう》・汁粉《しるこ》

用例 **果汁**百《ひゃく》パーセントの飲料《いんりょう》だ。**苦汁**をなめる。**墨汁**を筆《ふで》につける。

充

儿（ひとあし・にんにょう） 6画

音 ジュウ

訓 あ(てる) 高

意味 みちる・みたす・あてる

語句 充実《じゅうじつ》・充当《じゅうとう》・充満《じゅうまん》・拡充《かくじゅう》・補充《ほじゅう》

用例 **充実**した学生生活《がくせいせいかつ》を送《おく》る。赤字《あかじ》は予《よ》備《び》費《ひ》から**充当**する。販路《はんろ》を**拡充**する。

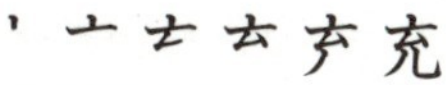

渋

氵（さんずい） 11画

音 ジュウ

訓 しぶ
しぶ(い)
しぶ(る)

意味 しぶる・しぶい・とどこおる

語句 渋滞《じゅうたい》・渋面《じゅうめん》・渋味《しぶみ》・苦渋《くじゅう》・難渋《なんじゅう》

用例 交通《こうつう》が**渋滞**する。**渋面**をつくる。**苦渋**の色《いろ》をうかべる。交渉《こうしょう》が**難渋**する。

2

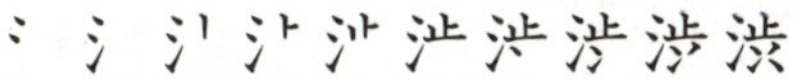

銃

金（かねへん） 14画

音 ジュウ

訓 ――

意味 てっぽう・じゅう

語句 銃撃《じゅうげき》・銃口《じゅうこう》・銃声《じゅうせい》・銃弾《じゅうだん》・猟銃《りょうじゅう》

用例 **銃撃**戦《せん》となる。**銃声**がとどろく。**銃弾**を浴《あ》びる。**猟銃**を肩《かた》に担《かつ》いで出《で》る。

2 4 7 10

叔

又（また）　8画

音 シュク
訓 ──

意味 父母《ふぼ》の年下のきょうだい
語句 叔父《おじ》・叔母《おば》・外叔《がいしゅく》・伯叔《はくしゅく》
用例 叔父を訪問《ほうもん》する。叔母からの手紙《てがみ》がきた。伯叔は父《ちち》の兄弟《きょうだい》のことだ。

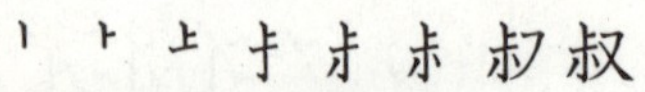

淑

氵（さんずい）　11画

音 シュク
訓 ──

意味 しとやか・尊敬《そんけい》してしたう
語句 淑女《しゅくじょ》・淑人《しゅくじん》・淑徳《しゅくとく》・私淑《ししゅく》・貞淑《ていしゅく》
用例 彼女《かのじょ》は淑徳の誉《ほま》れが高《たか》い。僕《ぼく》の私淑する先生《せんせい》。貞淑な妻《つま》。

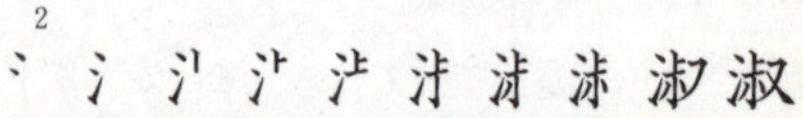

粛

聿（ふでづくり）　11画

音 シュク
訓 ──

意味 つつしむ・おごそか・しずか
語句 粛正《しゅくせい》・粛清《しゅくせい》・厳粛《げんしゅく》・自粛《じしゅく》・静粛《せいしゅく》
用例 違反分子《いはんぶんし》を粛清する。厳粛に事実《じじつ》を受《う》けとめる。参加《さんか》は自粛する。

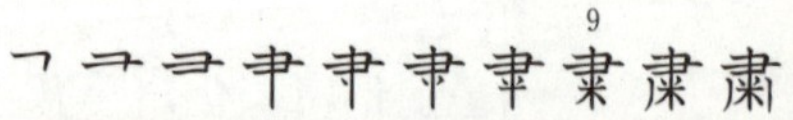

塾

土（つち）　14画

音 ジュク
訓 ──

意味 弟子《でし》を集めて教えるところ・へや
語句 塾舎《じゅくしゃ》・塾生《じゅくせい》・学習塾《がくしゅうじゅく》・私塾《しじゅく》・村塾《そんじゅく》
用例 塾生を募集《ぼしゅう》する。学習塾に通《かよ》う。松《しょう》下《か》村塾は維新《いしん》の人材《じんざい》を多《おお》く出《だ》した。

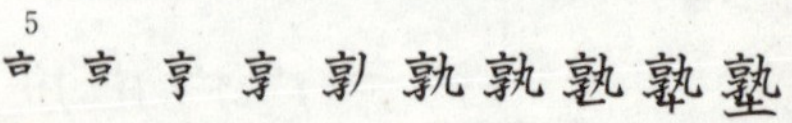

俊

亻（にんべん）　9画

音 シュン
訓 ──

意味 すぐれる・すぐれた人・たかい
語句 俊傑《しゅんけつ》・俊才《しゅんさい》・俊足《しゅんそく》・俊敏《しゅんびん》・英俊《えいしゅん》
用例 えり抜《ぬ》きの俊才が集《つど》う。俊足を誇《ほこ》る。俊敏なプレーに拍手《はくしゅ》を送《おく》る。

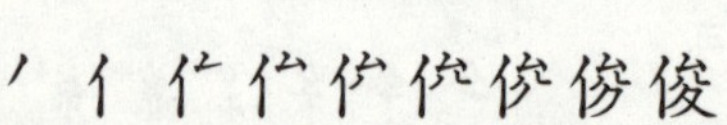

准

部首：冫（にすい）　10画

音：ジュン
訓：—

意味：なぞらえる・ある地位に次ぐ・ゆるす
語句：准看護師《じゅんかんごし》・准将《じゅんしょう》・批准《ひじゅん》
用例：彼女《かのじょ》は**准看護師**として働《はたら》いている。外国《がいこく》との条約《じょうやく》を**批准**する。

殉

部首：歹（かばねへん・いちたへん・がつへん）　10画

音：ジュン
訓：—

意味：後《あと》を追って死ぬ・命《いのち》を捨てて事《こと》に従《したが》う
語句：殉教《じゅんきょう》・殉国《じゅんこく》・殉死《じゅんし》・殉職《じゅんしょく》・殉難《じゅんなん》
用例：**殉国**の志士《しし》といわれた。**殉死**は禁《きん》じられている。警官《けいかん》が一人《ひとり》**殉職**した。

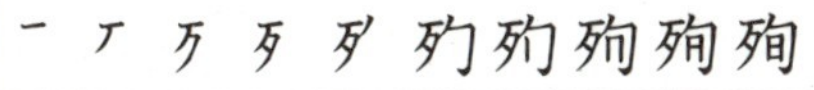

循

部首：彳（ぎょうにんべん）　12画

音：ジュン
訓：—

意味：したがう・めぐる
語句：循環《じゅんかん》・循行《じゅんこう》・循守《じゅんしゅ》・循吏《じゅんり》・因循《いんじゅん》
用例：市内《しない》**循環**バスに乗《の》る。規則《きそく》を**循守**する。**因循**な先代《せんだい》と進取《しんしゅ》の気性《きしょう》の二代目《にだいめ》。

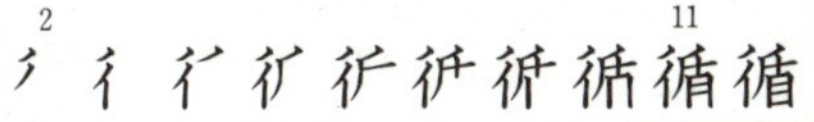

庶

部首：广（まだれ）　11画

音：ショ
訓：—

意味：色々《いろいろ》の・正妻《せいさい》でない女性《じょせい》が生んだ子
語句：庶子《しょし》・庶事《しょじ》・庶民《しょみん》・庶務《しょむ》・嫡庶《ちゃくしょ》
用例：**庶事**に追《お》われる毎日《まいにち》である。**庶民**の感覚《かんかく》からみればぜいたくな話《はなし》だ。

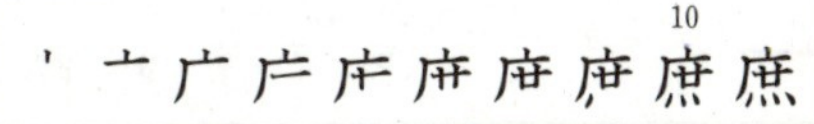

緒

部首：糸（いとへん）　14画

音：ショ　チョ
訓：お

意味：物事《ものごと》のはじめ・心の動き・細いひも
語句：一緒《いっしょ》・由緒《ゆいしょ》・情緒《じょうちょ(しょ)》・端緒《たんしょ(ちょ)》・鼻緒《はなお》
用例：**一緒**に遊《あそ》ぶ。**由緒**ある古寺《こじ》です。**情緒**が不安定《ふあんてい》だ。福祉事業《ふくしじぎょう》の**端緒**を開《ひら》く。

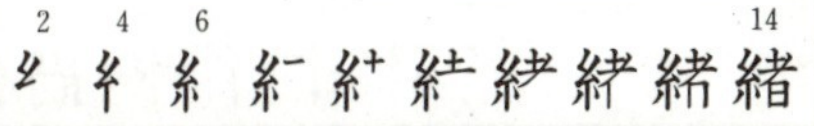

叙

又《また》 9画

音 ジョ
訓 ——

意味 順序《じゅんじょ》にしたがってのべる・位《くらい》につける

語句 叙勲《じょくん》・叙景《じょけい》・叙事《じょじ》・叙述《じょじゅつ》・叙情《じょじょう》

用例 叙位《じょい》、叙勲が行《おこな》われる。叙景歌《か》に優《すぐ》れた歌人《かじん》だ。浪漫的《ろうまんてき》な叙情詩《し》だ。

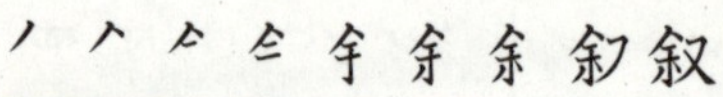

升

十《じゅう》 4画

音 ショウ
訓 ます

意味 ます・容量の単位・のぼる

語句 升堂《しょうどう》・升目《ますめ》・一升《いっしょう》

用例 原稿用紙《げんこうようし》の升目を埋《う》める。米《こめ》一升を持《も》って行《ゆ》く。

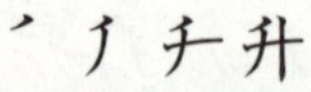

抄

扌《てへん》 7画

音 ショウ
訓 ——

意味 ぬきがき・書き写す・かすめとる

語句 抄写《しょうしゃ》・抄本《しょうほん》・抄訳《しょうやく》・抄録《しょうろく》

用例 経歴《けいれき》の一部《いちぶ》を抄写する。戸籍《こせき》抄本をとり寄《よ》せる。要点《ようてん》を抄録する。

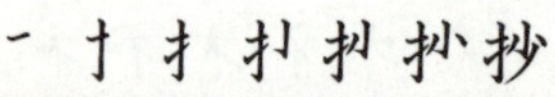

肖

肉《にく》 7画

音 ショウ
訓 ——

意味 形がにている・にせる・ちいさい

語句 肖似《しょうじ》・肖像《しょうぞう》・不肖《ふしょう》

用例 この世《よ》には肖似の人《ひと》が三人《さんにん》いる。祖《そ》父《ふ》の肖像画《が》を見《み》る。不肖の息子《むすこ》だ。

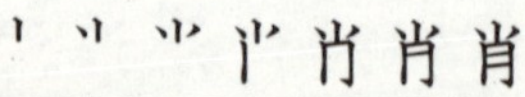

尚

小《しょう》 8画

音 ショウ
訓 ——

意味 なお・まだ・大切にする・程度《ていど》が高い

語句 尚早《しょうそう》・尚武《しょうぶ》・和尚《おしょう》・高尚《こうしょう》・好尚《こうしょう》

用例 時期《じき》尚早だ。尚武の気風《きふう》がある。高尚な趣味《しゅみ》を持《も》つ。時代《じだい》の好尚に合《あ》う。

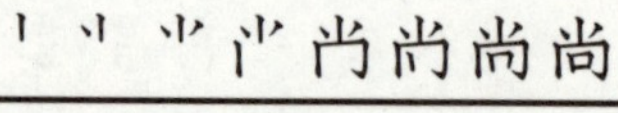

宵

宀 うかんむり 10画

音 ショウ(高)

訓 よい

意味 よい・よる

語句 宵越《よいご》し・宵寝《よいね》・宵宮《よいみや》・春宵《しゅんしょう》・徹宵《てっしょう》

用例 宵越しの銭《ぜに》は持《も》たぬ。祭《まつ》りの宵宮が楽《たの》しみだ。春宵の一刻《いっこく》は千金《せんきん》に値《あたい》する。

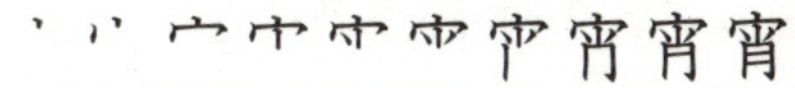

症

疒 やまいだれ 10画

音 ショウ

訓 ——

意味 病気の様子《ようす》が現れたしるし

語句 症状《しょうじょう》・炎症《えんしょう》・狭心症《きょうしんしょう》・重症《じゅうしょう》・神経症《しんけいしょう》

用例 風邪《かぜ》の症状が現れた。炎症を起《お》こす。狭心症で倒《たお》れる。重症患者《かんじゃ》を運《はこ》ぶ。

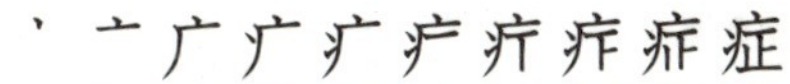

祥

礻 しめすへん 10画

音 ショウ

訓 ——

意味 めでたいこと・ものごとの起こり

語句 祥雲《しょううん》・吉祥《きっしょう》・清祥《せいしょう》・発祥《はっしょう》・不祥《ふしょう》

用例 吉祥のしるし。エジプトは文明《ぶんめい》発祥の地《ち》だ。不祥事《じ》をひき起《お》こす。

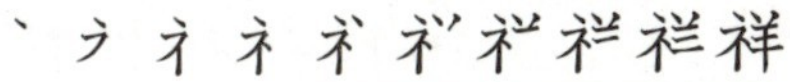

渉

氵 さんずい 11画

音 ショウ

訓 ——

意味 わたる・広《ひろ》く見聞《みき》きする・かかわる

語句 渉外《しょうがい》・渉猟《しょうりょう》・干渉《かんしょう》・交渉《こうしょう》・徒渉《としょう》

用例 団体《だんたい》の渉外係《がかり》をしている。人《ひと》に干渉されたくない。賃上《ちんあ》げの交渉をする。

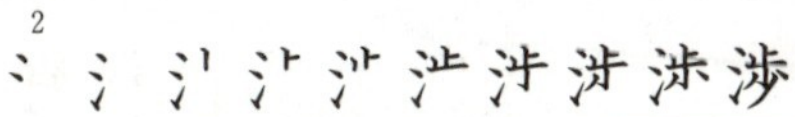

訟

言 ごんべん 11画

音 ショウ

訓 ——

意味 うったえる・あらそう・やかましい

語句 訟獄《しょうごく》・訟訴《しょうそ》・訟廷《しょうてい》・訴訟《そしょう》・争訟《そうしょう》

用例 訟廷で争《あらそ》う。検事局《けんじきょく》は刑事《けいじ》訴訟の手続《てつづ》きをとる。行政《ぎょうせい》争訟にまで発展《はってん》する。

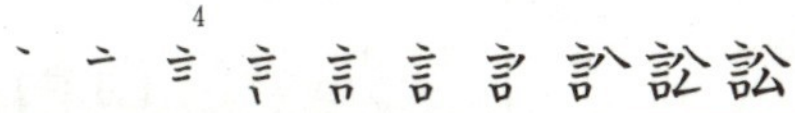

硝

石（いしへん）　12画

音 ショウ
訓 ——

意味　鉱物《こうぶつ》の名・火薬《かやく》

語句　硝煙《しょうえん》・硝酸《しょうさん》・硝石《しょうせき》・硝薬《しょうやく》・煙硝《えんしょう》

用例　硝酸は劇薬《げきやく》であるが極《きわ》めて有用《ゆうよう》である。煙硝の臭《にお》いがたちこめる。

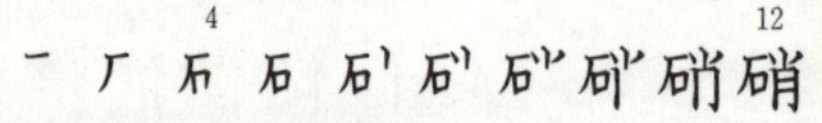

粧

米（こめへん）　12画

音 ショウ
訓 ——

意味　よそおう・かざる

語句　粧鏡《しょうきょう》・化粧《けしょう》・仮粧《けしょう》・行粧《こうしょう》・美粧《びしょう》

用例　化粧して見違《みちが》える程美《ほどうつく》しくなった。美粧院《いん》は美容院《びよういん》の古《ふる》い言《い》い方《かた》である。

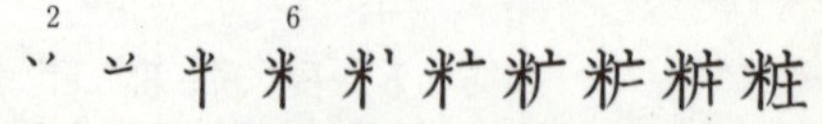

詔

言（ごんべん）　12画

音 ショウ
訓 みことのり㊢

意味　天皇が正式に述べることば・つげる

語句　詔使《しょうし》・詔書《しょうしょ》・詔勅《しょうちょく》・恩詔《おんしょう》・大詔《たいしょう》

用例　詔書が発《はっ》せられる。終戦《しゅうせん》の詔勅がラジオで発表《はっぴょう》された。恩詔に感涙《かんるい》する。

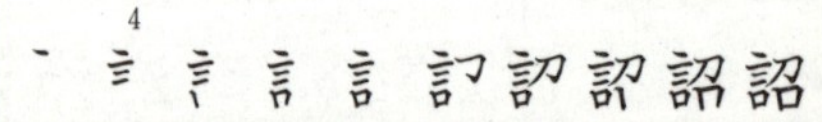

奨

大（だい）　13画

音 ショウ
訓 ——

意味　すすめる・助けはげます・とりもつ

語句　奨学金《しょうがくきん》・奨励《しょうれい》・勧奨《かんしょう》・推奨《すいしょう》

用例　奨学金の支給《しきゅう》を受《う》ける。村興《むらおこ》し運動《うんどう》を勧奨する。消費者団体《しょうひしゃだんたい》の推奨商品《しょうひん》だ。

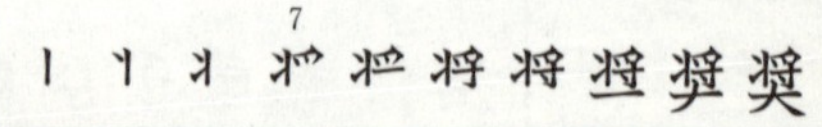

彰

彡（さんづくり）　14画

音 ショウ
訓 ——

意味　あきらかにする・あらわれる・あや

語句　彰功《しょうこう》・彰徳《しょうとく》・顕彰《けんしょう》・表彰《ひょうしょう》

用例　彰功して範《はん》を示《しめ》した。功績《こうせき》を顕彰する。勤続《きんぞく》二《に》十年《じゅうねん》で表彰される。

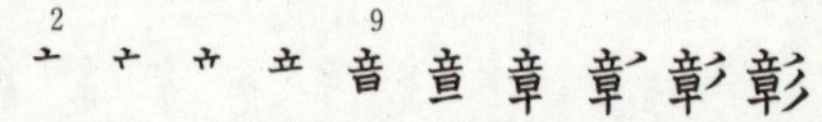

償

イ にんべん 17画

音 ショウ
訓 つぐな(う)

意味 うめ合わせをする・むくいる
語句 償却《しょうきゃく》・代償《だいしょう》・賠償《ばいしょう》・補償《ほしょう》・無償《むしょう》
用例 借金《しゃっきん》を償却する。高価《こうか》な代償を払《はら》った。損害《そんがい》を賠償する。無償奉仕《ほうし》する。

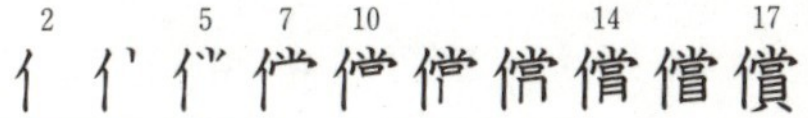

礁

石 いしへん 17画

音 ショウ
訓 ――

意味 水面に見えかくれする岩・水底の岩
語句 暗礁《あんしょう》・環礁《かんしょう》・岩礁《がんしょう》・座礁《ざしょう》・離礁《りしょう》
用例 会談《かいだん》は暗礁に乗《の》り上《あ》げた。ビキニ環礁で原水爆実験《げんすいばくじっけん》が行《おこな》われた。

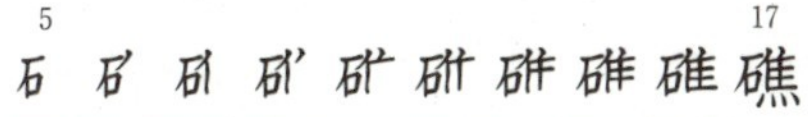

浄

氵 さんずい 9画

音 ジョウ
訓 ――

意味 きよい・きよめる・けがれのない
語句 浄化《じょうか》・浄水《じょうすい》・浄土《じょうど》・清浄《せいじょう》・洗浄《せんじょう》
用例 汚水《おすい》を浄化する。極楽《ごくらく》浄土に往《ゆ》く。清浄な心《こころ》を持《も》つ。傷口《きずぐち》を洗浄する。

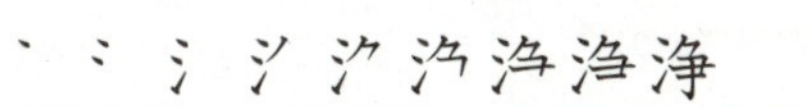

剰

刂 りっとう 11画

音 ジョウ
訓 ――

意味 あまる・のこり・あまつさえ
語句 剰員《じょういん》・剰金《じょうきん》・剰余《じょうよ》・過剰《かじょう》・余剰《よじょう》
用例 剰余金《きん》は次期《じき》に繰《く》り越《こ》す。彼《かれ》は自意《じい》識《しき》過剰だ。余剰な品物《しなもの》を処分《しょぶん》する。

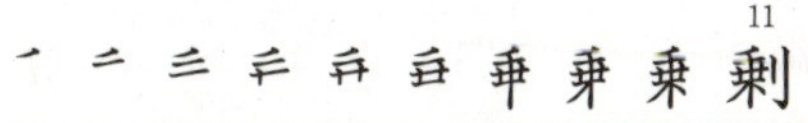

縄

糸 いとへん 15画

音 ジョウ
訓 なわ

意味 なわ・すみなわ・ただす・法則《ほうそく》
語句 縄文《じょうもん》・縄張《なわばり》・自縄自縛《じじょうじばく》・捕縄《ほじょう》・火縄《ひなわ》
用例 縄文式土器《しきどき》を展示《てんじ》する。縄張争《あらそ》いをする。下手人《げしゅにん》に捕縄をかける。

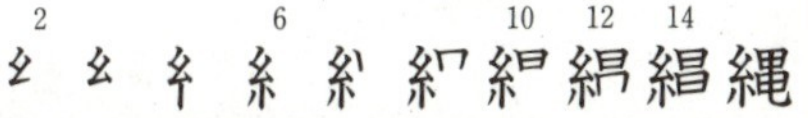

壌

土（つちへん） 16画

音 ジョウ

訓 ——

意味 つち・みのる

語句 壌土《じょうど》・撃壌《げきじょう》・天壌《てんじょう》・土壌《どじょう》・豊壌《ほうじょう》

用例 肥沃《ひよく》な壌土。天壌無窮《むきゅう》の国《くに》と誇《ほこ》った。土壌を耕《たがや》す。豊壌の地《ち》に移住《いじゅう》する。

筆順 5 8 10 12 16 壌

醸

酉（とりへん） 20画

音 ジョウ

訓 かも(す) 高

意味 かもす・酒をつくる

語句 醸成《じょうせい》・醸造《じょうぞう》・吟醸《ぎんじょう》・新醸酒《しんじょうしゅ》・醸《かも》し出す

用例 明《あか》るい校風《こうふう》を醸成する。当家伝来《とうけでんらい》の吟醸酒《しゅ》です。新醸酒を試飲《しいん》する。

筆順 3 6 11 14 16 20 醸

津

氵（さんずい） 9画

音 シン 高

訓 つ

意味 みなと・きし・あふれ出る

語句 津津浦浦《つつうらうら》・津波《つなみ》・河津《かしん》・興味津津《きょうみしんしん》

用例 津津浦浦に知《し》れわたる。津波にさらわれる。事件《じけん》の結末《けつまつ》は興味津津だ。

筆順 津

唇

口（くち） 10画

音 シン 高

訓 くちびる

意味 くちびる

語句 唇音《しんおん》・口唇《こうしん》・紅唇《こうしん》・読唇術《どくしんじゅつ》・上唇《うわくちびる》

用例 P《ピー》やF《エフ》の音《おん》は唇音だ。紅唇に惑《まど》わされる。上唇をなめるくせがある。

筆順 唇

娠

女（おんなへん） 10画

音 シン

訓 ——

意味 みごもる

語句 妊娠《にんしん》

用例 妻《つま》は妊娠中《ちゅう》です。

筆順 娠

紳

糸 いとへん 11画

音 シン

訓 ——

意味 立派《りっぱ》で教養《きょうよう》のある男性

語句 紳士《しんし》・紳商《しんしょう》・貴紳《きしん》

用例 白髪《はくはつ》の老《ろう》紳士に会《あ》う。業界《ぎょうかい》の紳商として評判《ひょうばん》が高《たか》い。貴紳淑女《しゅくじょ》がいならぶ。

診

言 ごんべん 12画

音 シン

訓 み(る)

意味 病気のぐあいを調べる・うらなう

語句 診察《しんさつ》・診療《しんりょう》・検診《けんしん》・誤診《ごしん》・打診《だしん》

用例 医者《いしゃ》に診察してもらう。職場《しょくば》検診を受《う》ける。先方《せんぽう》の意向《いこう》を打診してみる。

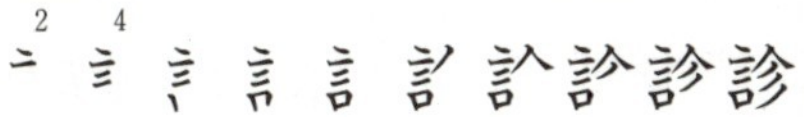

刃

刀 かたな 3画

音 ジン(高)

訓 は

意味 刀剣類のは・やいば・刀で切る

語句 刃先《はさき》・刃物《はもの》・刃渡《はわた》り・凶刃《きょうじん》・自刃《じじん》

用例 この刃物は切《き》れ味《あじ》がよい。刃渡り30センチの刀《かたな》だ。自刃して果《は》てる。

迅

辶 しんにょう・しんにゅう 6画

音 ジン

訓 ——

意味 はやい・はげしい

語句 迅急《じんきゅう》・迅疾《じんしつ》・迅速《じんそく》・迅雷《じんらい》・奮迅《ふんじん》

用例 迅疾に行動《こうどう》する。迅速に処置《しょち》する。疾風《しっぷう》迅雷のように騎馬隊《きばたい》が通《とお》り過《す》ぎた。

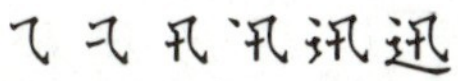

甚

甘 かん・あまい 9画

音 ジン(高)

訓 はなは(だ)
はなは(だしい)

意味 はなはだしい・非常《ひじょう》に・度を過ごす

語句 甚句《じんく》・甚大《じんだい》・甚六《じんろく》・幸甚《こうじん》・深甚《しんじん》

用例 被害《ひがい》甚大です。総領《そうりょう》の甚六といわれる。お力添《ちからぞ》えの件《けん》幸甚に存《ぞん》じます。

帥

巾 はば　9画

音 スイ
訓 ——

意味 ひきいる・したがう・軍の最高官
語句 元帥《げんすい》・総帥《そうすい》・統帥《とうすい》
用例 元帥は全軍《ぜんぐん》の総大将《そうだいしょう》である。院《いん》の総帥に推《お》される。全軍《ぜんぐん》を統帥する。

睡

目 めへん　13画

音 スイ
訓 ——

意味 ねむる・ねむり
語句 睡魔《すいま》・睡眠《すいみん》・仮睡《かすい》・午睡《ごすい》・熟睡《じゅくすい》
用例 睡魔に襲《おそ》われる。睡眠時間《じかん》が不足気《ふそくぎ》味《み》だ。仮睡をとる。疲《つか》れて熟睡した。

錘

金 かねへん　16画

音 スイ
訓 つむ(高)

意味 おもり・分銅《ふんどう》・糸をつむぐ道具・つむ
語句 錘子《すいし》・鉛錘《えんすい》・紡錘《ぼうすい》
用例 おもりや分銅《ふんどう》のことを錘子ともいう。鉛錘で鉛直《えんちょく》を測《はか》る。紡錘形《けい》の新型車《しんがたしゃ》。

枢

木 きへん　8画

音 スウ
訓 ——

意味 物事《ものごと》のかなめとなるところ・からくり
語句 枢機《すうき》・枢軸《すうじく》・枢密《すうみつ》・枢要《すうよう》・中枢《ちゅうすう》
用例 政治《せいじ》の枢軸となる。枢要な地位《ちい》につく。東京《とうきょう》は政治《せいじ》の中枢にある。

崇

山 やま　11画

音 スウ
訓 ——

意味 けだかい・たかい・あがめる・尊ぶ
語句 崇敬《すうけい》・崇高《すうこう》・崇信《すうしん》・崇拝《すうはい》・尊崇《そんすう》
用例 師《し》に崇敬の念《ねん》を抱《いだ》く。崇高な理想《りそう》を目指《めざ》す。英雄《えいゆう》崇拝主義《しゅぎ》のお国柄《くにがら》だ。

据

扌 てへん　11画

音 ——
訓 す(える)　す(わる)

意味 そのままにしておく・すえる
語句 据《す》え置《お》き・据《す》え膳《ぜん》・据《す》え物《もの》
用例 公定歩合《こうていぶあい》は据え置きのままだ。床《とこ》の間《ま》に据え物を置《お》く。

杉

木 きへん　7画

音 ——
訓 すぎ

意味 すぎ
語句 杉板《すぎいた》・杉皮《すぎかわ》・杉戸《すぎど》・杉菜《すぎな》・杉並木《すぎなみき》
用例 建築材《けんちくざい》として杉板が使《つか》われる。杉戸を開《あ》ける。日光《にっこう》の杉並木の道《みち》を歩《ある》く。

畝

田 た　10画

音 ——
訓 せ　うね

意味 土地の面積の単位・うね・あぜ
語句 畝織《うねおり》・畝作《うねづく》り・一畝《いっせ》
用例 畝織のオーバコートを着《き》る。種《たね》まきの前《まえ》に畝作りをする。一畝は約《やく》100㎡。

斉

斉 せい　8画

音 セイ
訓 ——

意味 そろう・そろえる・整《ととの》える・ひとしい
語句 斉唱《せいしょう》・斉民《せいみん》・一斉《いっせい》・均斉《きんせい》・整斉《せいせい》
用例 校歌《こうか》を斉唱する。天《てん》は斉民す。一斉に取《と》り締《し》まる。均斉のとれた体形《たいけい》だ。

逝

辶 しんにょう・しんにゅう　10画

音 セイ
訓 ゆ(く)(高)

意味 ゆく・去る・死亡《しぼう》する
語句 逝去《せいきょ》・永逝《えいせい》・急逝《きゅうせい》・長逝《ちょうせい》・夭逝《ようせい》
用例 ご逝去を悼《いた》む。事故《じこ》で急逝された。長逝の悲《かな》しみにひたる。

誓

言　げん　14画

音　セイ

訓　ちか(う)

意味　ちかう・ちかい・かたく約束する

語句　誓願《せいがん》・誓詞《せいし》・誓文《せいもん》・誓約《せいやく》・宣誓《せんせい》

用例　神前《しんぜん》で誓願する。五箇条《ごかじょう》の御《ご》誓文。誓約書《しょ》に署名《しょめい》する。選手《せんしゅ》宣誓を行《おこな》う。

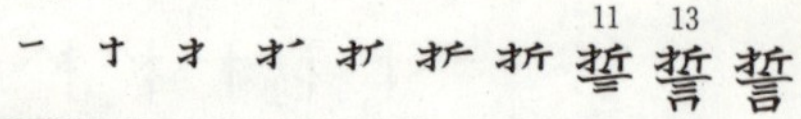

析

木　きへん　8画

音　セキ

訓　——

意味　さく・こまかくわける・分解する

語句　析出《せきしゅつ》・解析《かいせき》・透析《とうせき》・分析《ぶんせき》

用例　数学《すうがく》で解析を学習《がくしゅう》する。人工《じんこう》透析のため通院《つういん》する。理論的《りろんてき》に分析する。

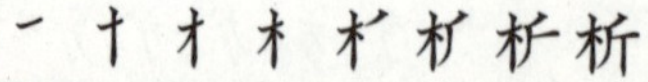

拙

扌　てへん　8画

音　セツ

訓　——

意味　つたない・へた・自分の謙称

語句　拙者《せっしゃ》・拙宅《せったく》・拙劣《せつれつ》・巧拙《こうせつ》・稚拙《ちせつ》

用例　拙者の名《な》を名乗《なの》ろう。拙宅にご招待《しょうたい》します。拙劣な文章《ぶんしょう》だ。稚拙な書《しょ》だ。

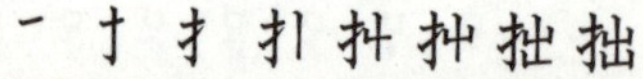

窃

穴　あなかんむり　9画

音　セツ

訓　——

意味　ぬすむ・ぬすびと・ひそか

語句　窃視《せっし》・窃取《せっしゅ》・窃盗《せっとう》・剽窃《ひょうせつ》

用例　人《ひと》の物《もの》を窃取する。窃盗容疑《ようぎ》で逮捕《たいほ》される。他人《たにん》の作品《さくひん》から剽窃する。

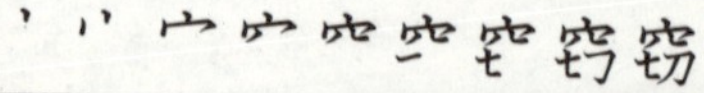

仙

亻　にんべん　5画

音　セン

訓　——

意味　せんにん・高尚《こうしょう》な人・傑出した芸術家

語句　仙境《せんきょう》・仙人《せんにん》・歌仙《かせん》・画仙《がせん》・水仙《すいせん》

用例　仙境に入《はい》る。不老不死《ふろうふし》の仙人がいるという。水仙の花《はな》が春《はる》を告《つ》げる。

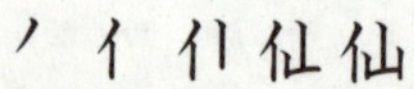

栓

木 きへん 10画

音 セン
訓 ——

意味 穴をふさぐもの・ガスなどの開閉装置

語句 栓抜《せんぬ》き・給水栓《きゅうすいせん》・血栓《けっせん》・消火栓《しょうかせん》・元栓《もとせん》

用例 **栓抜き**でびんをあける。**消火栓**のそばに物《もの》を置《お》かない。**元栓**をしめる。

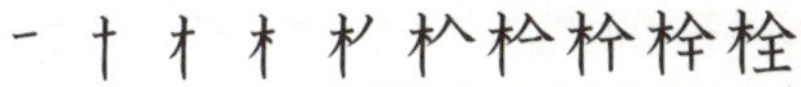

旋

方 ほうへん・かたへん 11画

音 セン
訓 ——

意味 めぐる・ぐるぐるまわる・もどる

語句 旋回《せんかい》・旋盤《せんばん》・旋風《せんぷう》・旋律《せんりつ》・周旋《しゅうせん》

用例 トンビが上空《じょうくう》を**旋回**する。腕《うで》のいい**旋盤**工《こう》だ。**旋風**を巻《ま》き起《お》こす。

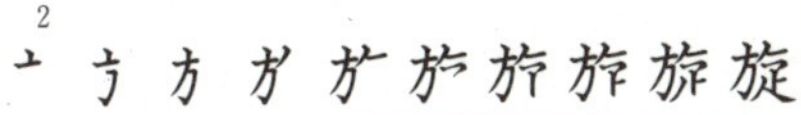

践

𧾷 あしへん 13画

音 セン
訓 ——

意味 おこなう・ふむ・したがう・位につく

語句 践行《せんこう》・践祚《せんそ》・実践《じっせん》・履践《りせん》

用例 言葉《ことば》どおり**践行**する。知識《ちしき》を**実践**にいかす。理論《りろん》を**履践**する。

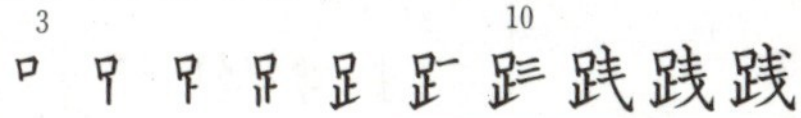

銑

金 かねへん 14画

音 セン
訓 ——

意味 鉄鉱石《てっこうせき》をとかしてつくった鉄

語句 銑鉄《せんてつ》・溶銑《ようせん》

用例 **銑鉄**で鋳物《いもの》を造《つく》る。鋳型《いがた》に流《なが》す**溶銑**はキューポラで造《つく》る。

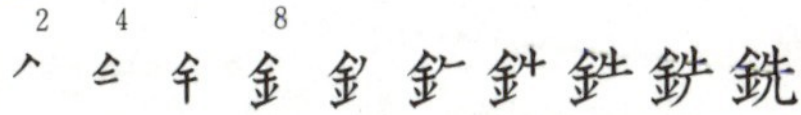

遷

辶 しんにょう・しんにゅう 15画

音 セン
訓 ——

意味 かえる・移り変わる・うつる・うつす

語句 遷幸《せんこう》・遷都《せんと》・左遷《させん》・転遷《てんせん》・変遷《へんせん》

用例 **遷都**が論議《ろんぎ》されている。課長《かちょう》は支局《しきょく》へ**左遷**された。幾多《いくた》の**変遷**を経《へ》る。

薦

艹 くさかんむり 16画

音 セン

訓 すす(める)

意味 すすめる・こも・むしろ

語句 薦挙《せんきょ》・自薦《じせん》・推薦《すいせん》・他薦《たせん》

用例 次期《じき》役員《やくいん》を薦挙する。我《わ》が党《とう》推薦の候補者《こうほしゃ》です。他薦により選《えら》ばれる。

3 5 11 16 薦

繊

糸 いとへん 17画

音 セン

訓 ——

意味 細い糸・うすぎぬ・ほっそりしている

語句 繊維《せんい》・繊細《せんさい》・繊毛《せんもう》・化繊《かせん》・合繊《ごうせん》

用例 繊維製品《せいひん》を取《と》り扱《あつか》う。繊細な感受性《かんじゅせい》を持《も》つ人《ひと》だ。化繊と綿《めん》の混紡《こんぼう》シャツ。

6 11 13 繊

禅

ネ しめすへん 13画

音 ゼン

訓 ——

意味 ゆずる・しずか

語句 禅宗《ぜんしゅう》・禅僧《ぜんそう》・禅門《ぜんもん》・座禅《ざぜん》・友禅《ゆうぜん》

用例 禅宗はダルマ大師《だいし》が開《ひら》いた。禅門に入《はい》る。座禅を組《く》む。友禅染《ぞめ》の着物《きもの》。

2 6 11 禅

漸

氵 さんずい 14画

音 ゼン

訓 ——

意味 だんだん・次第に・ようやく・すすむ

語句 漸次《ぜんじ》・漸進《ぜんしん》・漸漸《ぜんぜん》・漸増《ぜんぞう》・西漸《せいぜん》

用例 漸次改良《かいりょう》を加《くわ》える。飛躍《ひやく》はできないが漸進主義《しゅぎ》でいく。経費《けいひ》が漸増する。

3 8 14 漸

租

禾 のぎへん 10画

音 ソ

訓 ——

意味 ねんぐ・借りる

語句 租界《そかい》・租借《そしゃく》・租税《そぜい》・地租《ちそ》・免租《めんそ》

用例 租借地《ち》を返還《へんかん》する。租税をとりたてる。地租は現在《げんざい》は固定資産税《こていしさんぜい》に入《はい》る。

租

疎

疋 ひきへん 12画

音 ソ
訓 うと(い)高 うと(む)高

意味 あらい・うとい・おおまか
語句 疎遠《そえん》・疎外《そがい》・疎略《そりゃく》・過疎《かそ》・空疎《くうそ》
用例 疎遠になった友人《ゆうじん》。新参者《しんざんもの》として疎外する。疎略に扱《あつか》う。過疎化《か》が進《すす》む。

塑

土 つち 13画

音 ソ
訓 ——

意味 土人形・粘土《ねんど》などで形をつくる
語句 塑造《そぞう》・塑像《そぞう》・可塑性《かそせい》・彫塑《ちょうそ》
用例 粘土《ねんど》で仏像《ぶつぞう》を塑造する。この物質《ぶっしつ》は可塑性がある。絵画《かいが》より彫塑が得意《とくい》。

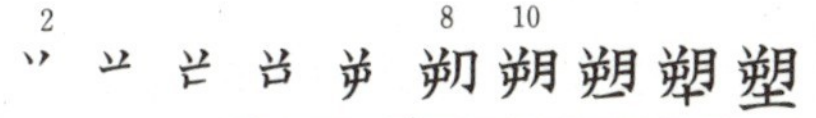

壮

士 さむらい 6画

音 ソウ
訓 ——

意味 つよい・勇ましい・立派だ
語句 壮観《そうかん》・壮健《そうけん》・壮大《そうだい》・悲壮《ひそう》・勇壮《ゆうそう》
用例 頂上《ちょうじょう》からの眺《なが》めは壮観だ。心身共《しんしんとも》に壮健です。気宇《きう》壮大な抱負《ほうふ》を持《も》つ。

荘

艹 くさかんむり 9画

音 ソウ
訓 ——

意味 おごそか・別宅《べったく》・宿泊設備《しゅくはくせつび》
語句 荘園《しょうえん》・荘厳《そうごん》・荘重《そうちょう》・山荘《さんそう》・別荘《べっそう》
用例 大仏《だいぶつ》の荘厳なたたずまい。荘重な儀《ぎ》式《しき》を行《おこな》う。山荘にたどりつく。

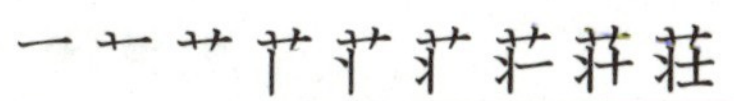

捜

扌 てへん 10画

音 ソウ
訓 さが(す)

意味 さがす・さぐる・たずねもとめる
語句 捜査《そうさ》・捜索《そうさく》・捜《さが》し物
用例 犯人《はんにん》の足《あし》どりを捜査する。遭難者《そうなんしゃ》の捜索が続《つづ》く。捜し物をする。

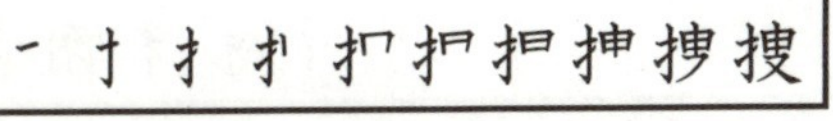

挿

扌 てへん　10画

音 ソウ
訓 さ(す)

意味　さしはさむ・さしこむ・さす

語句　挿花《そうか》・挿入《そうにゅう》・挿話《そうわ》・挿《さ》し絵《え》・挿《さ》し木《き》

用例　原稿《げんこう》に追加《ついか》の文章《ぶんしょう》を挿入する。登場人《とうじょうじん》物《ぶつ》の挿話が面白《おもしろ》い。挿し木で増《ふ》やす。

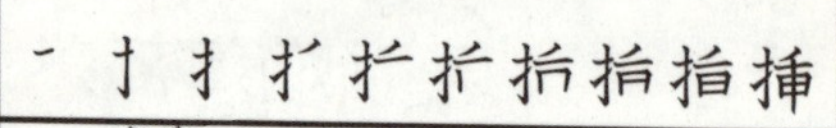

曹

日 ひらび・いわく　11画

音 ソウ
訓 ——

意味　裁判《さいばん》にかかわる人・軍隊の階級の一つ

語句　曹司《ぞうし》・軍曹《ぐんそう》・重曹《じゅうそう》・法曹《ほうそう》・陸曹《りくそう》

用例　彼《かれ》は名家《めいか》の御《おん》曹司だ。重曹は医薬《いやく》などに使《つか》われる。法曹界《かい》の重鎮《じゅうちん》。

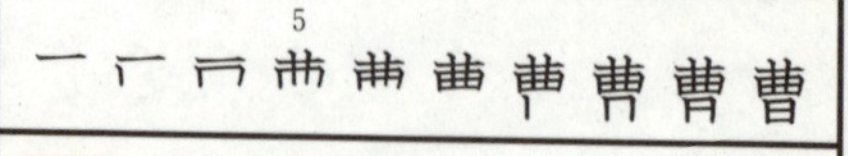

喪

口 くち　12画

音 ソウ
訓 も

意味　ものいみ・とむらい・失う・なくす

語句　喪失《そうしつ》・喪主《もしゅ》・喪中《もちゅう》・喪服《もふく》・阻喪《そそう》

用例　資格《しかく》を喪失した。喪主に弔電《ちょうでん》を打《う》つ。喪服を着《き》て弔意《ちょうい》を表《あらわ》す。意気《いき》阻喪する。

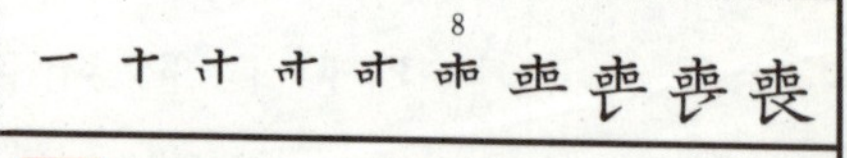

槽

木 きへん　15画

音 ソウ
訓 ——

意味　おけ・おけににたもの

語句　歯槽《しそう》・浄化槽《じょうかそう》・水槽《すいそう》・浴槽《よくそう》

用例　浄化槽で分解消毒《ぶんかいしょうどく》をする。消火用《しょうかよう》の水槽を設《もう》ける。ひのきの浴槽に入《はい》る。

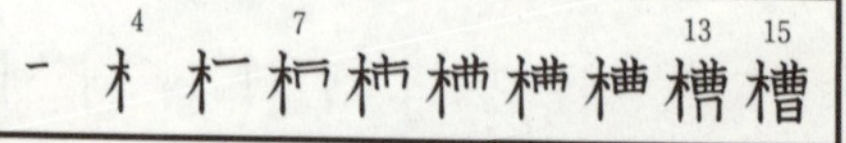

霜

⻗ あめかんむり　17画

音 ソウ(高)
訓 しも

意味　しも・年のめぐり・しらが

語句　霜害《そうがい》・霜焼《しもや》け・星霜《せいそう》・初霜《はつしも》・早霜《はやじも》

用例　畑《はたけ》の作物《さくもつ》が霜害にあう。霜焼けの手《て》が痛《いた》がゆい。今年《ことし》は初霜が早《はや》い。

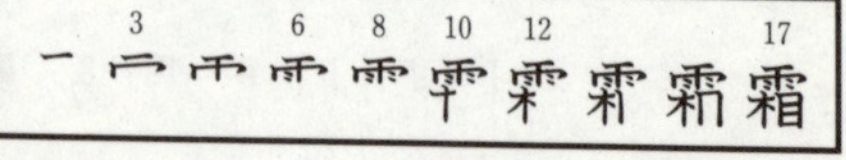

藻

部首：艹（くさかんむり） 19画

音 ソウ
訓 も

意味 も・水草の総称《そうしょう》・文飾《ぶんしょく》・あや

語句 藻類《そうるい》・藻塩草《もしおぐさ》・海藻《かいそう》・詞藻《しそう》・文藻《ぶんそう》

用例 藻類図鑑《ずかん》を開《ひら》いて調《しら》べる。海藻を採《と》る。詞藻豊《ゆた》かな人《ひと》だ。豊《ゆた》かな文藻。

筆順 一 艹 艹 艹 艹 艹 藻 藻 藻 藻（3, 6, 9, 12, 15）

妥

部首：女（おんな） 7画

音 ダ
訓 ――

意味 あてはまる・おれあう・ゆずりあう

語句 妥協《だきょう》・妥結《だけつ》・妥当《だとう》

用例 現実《げんじつ》に妥協する。賃金交渉《ちんぎんこうしょう》が妥結する。妥当な線《せん》で手《て》を打《う》つ。

筆順 ノ ノ ノ 爫 妥 妥 妥

堕

部首：土（つち） 12画

音 ダ
訓 ――

意味 おちる・おろす・くずれる・おこたる

語句 堕胎《だたい》・堕落《だらく》

用例 ある宗教《しゅうきょう》では堕胎は禁止《きんし》されている。堕落した政治《せいじ》を嘆《なげ》く。

筆順 ７ ３ 阝 阝 阝 防 随 随 堕 堕（7, 9）

惰

部首：忄（りっしんべん） 12画

音 ダ
訓 ――

意味 なまける・ある状態《じょうたい》が続くこと

語句 惰弱《だじゃく》・惰性《だせい》・惰眠《だみん》・怠惰《たいだ》・遊惰《ゆうだ》

用例 惰弱な男《おとこ》だ。惰性で働《はたら》く。惰眠をむさぼる。怠惰な生活《せいかつ》をする。

筆順 忄 忄 忄 忄 忄 忄 忄 惰 惰 惰（2, 12）

駄

部首：馬（うまへん） 14画

音 ダ
訓 ――

意味 負わせる・はきもの・つまらない

語句 駄菓子《だがし》・駄作《ださく》・駄賃《だちん》・駄馬《だば》・駄目《だめ》

用例 子供《こども》が駄菓子を欲《ほ》しがる。お使《つか》いに駄賃をやる。計画《けいかく》が駄目になる。

筆順 丨 厂 П 甲 馬 馬 馬 駄 駄 駄（5, 10）

泰

氺 したみず　10画

音 タイ
訓 ——

意味 おちついている・やすらか・極《きわ》めて
語句 泰山《たいざん》・泰西《たいせい》・泰然《たいぜん》・泰平《たいへい》・安泰《あんたい》
用例 泰西の名画《めいが》をみる。泰然自若《じじゃく》としている。天下《てんか》泰平の世《よ》の中《なか》だ。

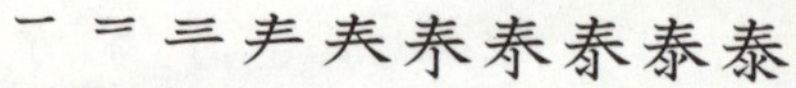

濯

氵 さんずい　17画

音 タク
訓 ——

意味 あらう・すすぐ・きよめる
語句 濯足《たくそく》・洗濯《せんたく》
用例 濯足酒《しゅ》をふるまってねぎらう。温泉《おんせん》旅行《りょこう》をして心《こころ》の洗濯をした。

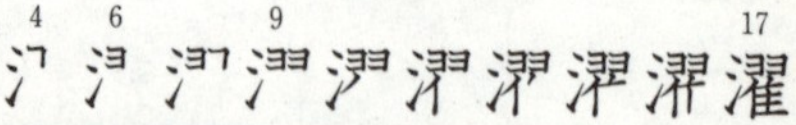

但

亻 にんべん　7画

音 ——
訓 ただ(し)

意味 ただ・それだけ・けれども・しかし
語句 但《ただ》し書《が》き
用例 契約書《けいやくしょ》に但し書きを添付《てんぷ》する。

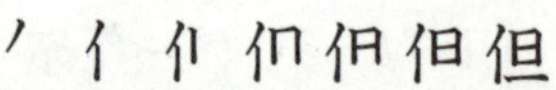

棚

木 きへん　12画

音 ——
訓 たな

意味 たな・かけはし
語句 棚上《たなあ》げ・棚卸《たなおろ》し・書棚《しょだな》・大陸棚《たいりくだな》・本棚《ほんだな》
用例 実施《じっし》は一時《いちじ》棚上げにする。商品《しょうひん》の棚卸しをする。大陸棚には魚《さかな》が多《おお》い。

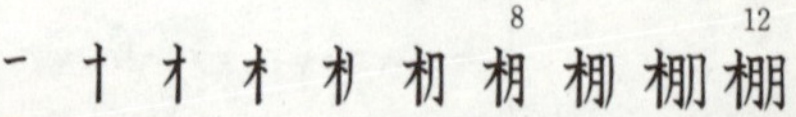

痴

疒 やまいだれ　13画

音 チ
訓 ——

意味 おろか・みだら・うとい
語句 痴漢《ちかん》・痴人《ちじん》・痴態《ちたい》・音痴《おんち》・愚痴《ぐち》
用例 痴漢に注意《ちゅうい》しよう。地図《ちず》があっても全《まった》くの方向《ほうこう》音痴でね。愚痴をこぼす。

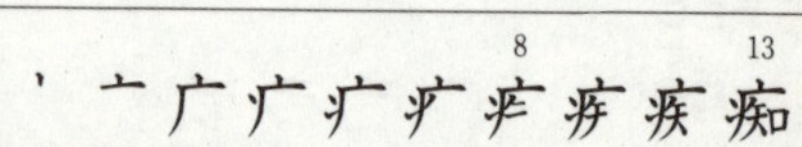

逐

部首：⻌（しんにょう・しんにゅう）　10画

音 チク

訓 ——

意味 おう・おい払う・順をおって進む

語句 逐一《ちくいち》・逐次《ちくじ》・逐電《ちくでん》・駆逐《くちく》・放逐《ほうちく》

用例 経過《けいか》を逐一報告《ほうこく》せよ。泥棒《どろぼう》は逐電した。外敵《がいてき》を駆逐する。国外《こくがい》に放逐する。

秩

部首：禾（のぎへん）　10画

音 チツ

訓 ——

意味 順序《じゅんじょ》・地位《ちい》・扶持《ふち》

語句 秩次《ちつじ》・秩序《ちつじょ》・秩然《ちつぜん》・官秩《かんちつ》・俸秩《ほうちつ》

用例 秩序正《ただ》しく乗車《じょうしゃ》する。秩然として並《なら》ぶ。俸秩を世上《せじょう》に合《あ》わせて改訂《かいてい》する。

嫡

部首：女（おんなへん）　14画

音 チャク

訓 ——

意味 正妻《せいさい》の生んだ子《こ》・本家《ほんけ》をつぐ血すじ

語句 嫡子《ちゃくし》・嫡出《ちゃくしゅつ》・嫡男《ちゃくなん》・嫡流《ちゃくりゅう》・家嫡《かちゃく》

用例 この子《こ》は我《わ》が家《や》の嫡子です。若君《わかぎみ》は嫡出子《し》ですぞ。大名家《だいみょうけ》の嫡男だ。

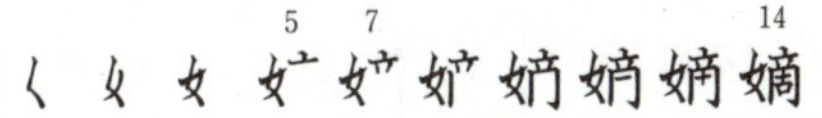

衷

部首：衣（ころも）　9画

音 チュウ

訓 ——

意味 まごころ・なかほど・はだぎ

語句 衷心《ちゅうしん》・苦衷《くちゅう》・折衷《せっちゅう》・和衷《わちゅう》

用例 衷心より祝《いわ》う。苦衷を察《さっ》する。和洋《わよう》折衷の家《いえ》に住《す》む。和衷協同《きょうどう》する。

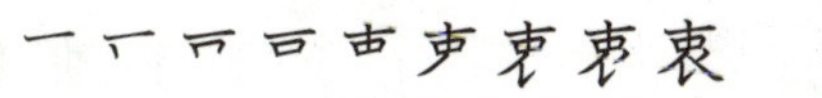

弔

部首：弓（ゆみ）　4画

音 チョウ

訓 とむら(う)

意味 とむらう・いたむ・つる

語句 弔意《ちょうい》・弔辞《ちょうじ》・弔電《ちょうでん》・弔文《ちょうぶん》・弔問《ちょうもん》

用例 心《こころ》より弔意を表《ひょう》します。葬式《そうしき》で弔辞を述《の》べる。友《とも》の死《し》に弔電を打《う》つ。

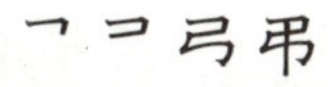

挑

扌 てへん　9画

音 チョウ

訓 いど(む)

意味 いどむ・しかける・かかげる

語句 挑戦《ちょうせん》・挑発《ちょうはつ》

用例 記録《きろく》に挑戦する。挑発的《てき》な態度《たいど》をとる。

一 十 扌 扌 扌 扌 挑 挑 挑

眺

目 めへん　11画

音 チョウ

訓 なが(める)

意味 ながめる・ながめ

語句 眺望《ちょうぼう》・眺覧《ちょうらん》

用例 ここからの眺望は素晴《すば》らしい。海岸《かいがん》線《せん》を一目《ひとめ》で眺覧できる。

丨 冂 月 目(4) 目 目 目 眺 眺 眺

釣

金 かねへん　11画

音 チョウ(高)

訓 つ(る)

意味 魚をとる・ぶらさげる・つり銭《せん》

語句 釣果《ちょうか》・釣《つ》り合《あ》い・釣《つ》り鐘《がね》・釣《つ》り舟《ぶね》

用例 釣果を競《きそ》う。釣り合いがとれない。これは由緒《ゆいしょ》ある釣り鐘だ。

ノ 人 亼(4) 今 全 金 金 釒 釣 釣

懲

心 こころ　18画

音 チョウ

訓 こ(りる)　こ(らす)　こ(らしめる)

意味 こらす・こらしめる・こりごりする

語句 懲悪《ちょうあく》・懲役《ちょうえき》・懲戒《ちょうかい》・懲罰《ちょうばつ》

用例 懲役三年《さんねん》の刑《けい》を受《う》ける。懲戒免職《めんしょく》となる。それは懲罰の対象《たいしょう》となります。

彳(3) 彳(6) 彳 彳 徨(10) 徨(12) 徴 徴 懲(16) 懲(18)

勅

力 ちから　9画

音 チョク

訓 ——

意味 天子のことば・命令・いましめる

語句 勅語《ちょくご》・勅使《ちょくし》・勅旨《ちょくし》・勅命《ちょくめい》・奉勅《ほうちょく》

用例 明治《めいじ》天皇《てんのう》は教育《きょういく》勅語を発布《はっぷ》された。勅使が勅命をもってくる。

一 丅 丆 币 申 束 束 勅 勅

準2級 漢字表

朕

月 つきへん　10画

音 チン
訓 ——

意味　天子の自称
語句
用例　朕は国家《こっか》なり〔フランス国王《こくおう》ルイ14世《せい》〕。朕惟《おも》うに……。

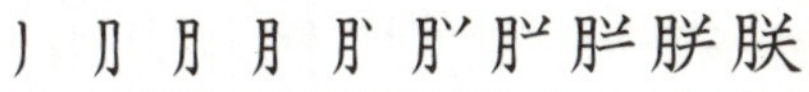

塚

土 つちへん　12画

音 ——
訓 つか

意味　つか・墓《はか》・おか
語句　塚穴《つかあな》・蟻塚《ありづか》・一里塚《いちりづか》・貝塚《かいづか》
用例　遺体《いたい》を塚穴に葬《ほうむ》る。貝塚は古代人《こだいじん》の生活《せいかつ》の跡《あと》である。

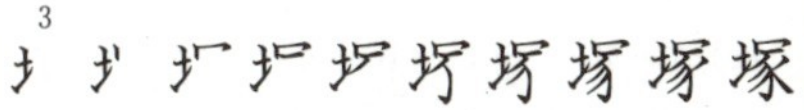

漬

氵 さんずい　14画

音 ——
訓 つ(ける)
つ(かる)

意味　液体《えきたい》の中にひたす・つけものにする
語句　漬物《つけもの》・一夜漬《いちやづ》け・お茶漬《ちゃづ》け・塩漬《しおづ》け
用例　漬物をつける。昼食《ちゅうしょく》はお茶漬けで済《す》ます。白菜《はくさい》を塩漬けにする。

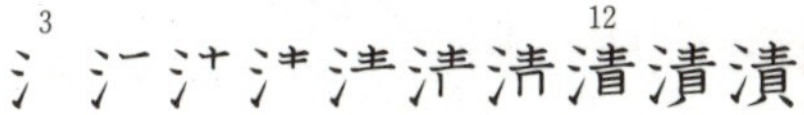

坪

土 つちへん　8画

音 ——
訓 つぼ

意味　土地の面積の単位・狭《せま》い土地
語句　坪数《つぼすう》・坪庭《つぼにわ》・建坪《たてつぼ》・延坪《のべつぼ》
用例　坪数を測《はか》る。敷地《しきち》の割《わり》に建坪が少《すく》ない。我《わ》が家《や》の延坪は約《やく》27坪《つぼ》である。

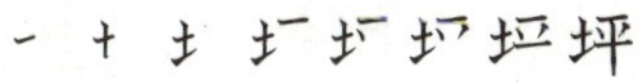

呈

口 くち　7画

音 テイ
訓 ——

意味　さしあげる・はっきりとあらわす
語句　呈示《ていじ》・謹呈《きんてい》・進呈《しんてい》・贈呈《ぞうてい》・露呈《ろてい》
用例　免許証《めんきょしょう》の呈示を求《もと》める。粗品《そしな》を進呈する。記念品《きねんひん》を贈呈する。

廷

廴 えんにょう 7画

音 テイ

訓 ——

意味 政治を行う所・裁判所《さいばんしょ》

語句 廷内《ていない》・宮廷《きゅうてい》・出廷《しゅってい》・朝廷《ちょうてい》・法廷《ほうてい》

用例 宮廷詩人《しじん》として知《し》られる。証人《しょうにん》が出廷する。朝廷に仕《つか》える。法廷で争《あらそ》う。

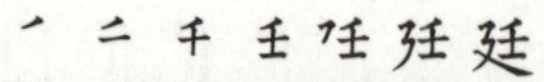

邸

阝 おおざと 8画

音 テイ

訓 ——

意味 りっぱな住宅・やしき

語句 邸宅《ていたく》・官邸《かんてい》・公邸《こうてい》・豪邸《ごうてい》・別邸《べってい》

用例 大《だい》邸宅を構《かま》える。首相《しゅしょう》官邸に入《はい》る。知事《ちじ》公邸で会《かい》を催《もよお》す。豪邸に住《す》む。

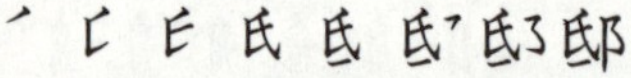

亭

亠 なべぶたけいさんかんむり 9画

音 テイ

訓 ——

意味 宿場《しゅくば》・あずまや・高くそびえる

語句 亭午《ていご》・亭主《ていしゅ》・駅亭《えきてい》・旅亭《りょてい》・料亭《りょうてい》

用例 鐘声《しょうせい》が亭午を告《つ》げる。我《わ》が家《や》は亭主関白《かんぱく》だ。料亭で客《きゃく》を接待《せったい》する。

貞

貝 かい・こがい 9画

音 テイ

訓 ——

意味 みさお・節を守る・ただしい

語句 貞淑《ていしゅく》・貞女《ていじょ》・貞節《ていせつ》・貞操《ていそう》・不貞《ふてい》

用例 貞淑な妻《つま》とお見受《みう》けした。貞節を守《まも》るを美徳《びとく》とする。貞操観念《かんねん》がない。

逓

辶 しんにょう・しんにゅう 10画

音 テイ

訓 ——

意味 次から次へと伝える・だんだんと

語句 逓減《ていげん》・逓次《ていじ》・逓信《ていしん》・逓送《ていそう》・駅逓《えきてい》

用例 人口《じんこう》が逓減する。荷物《にもつ》が逓次に到着《とうちゃく》した。物資《ぶっし》を逓送する。

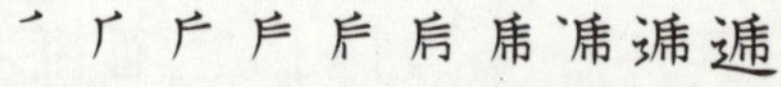

偵

部首：亻 にんべん　11画

音 テイ
訓 ——

意味 ようすをさぐる・まわしもの

語句 偵察《ていさつ》・探偵《たんてい》・内偵《ないてい》・密偵《みってい》

用例 敵《てき》の様子《ようす》を偵察する。探偵小説《しょうせつ》を読《よ》む。その件《けん》について今《いま》内偵している。

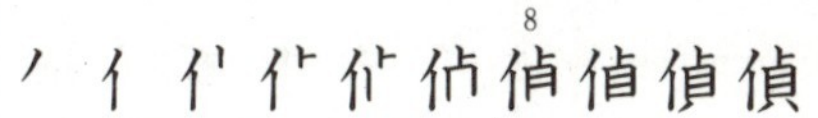

艇

部首：舟 ふねへん　13画

音 テイ
訓 ——

意味 ふね・こぶね・はしけ

語句 艇身《ていしん》・艦艇《かんてい》・救命艇《きゅうめいてい》・競艇《きょうてい》・潜航艇《せんこうてい》

用例 一《いっ》艇身差《さ》で勝《か》つ。競艇の選手《せんしゅ》になる。潜航艇で深海《しんかい》にもぐる。

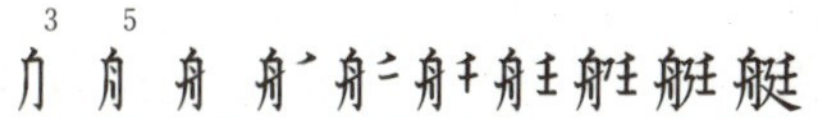

泥

部首：氵 さんずい　8画

音 デイ 高
訓 どろ

意味 どろ・こだわる・正体《しょうたい》がなくなる

語句 泥水《でいすい》・泥酔《でいすい》・泥沼《どろぬま》・雲泥《うんでい》・拘泥《こうでい》

用例 車《くるま》が泥水《どろみず》をはねる。泥酔するまで酒《さけ》を飲《の》む。雲泥の差《さ》がある。

迭

部首：辶 しんにょう・しんにゅう　8画

音 テツ
訓 ——

意味 いれかわる・にげる・かわるがわる

語句 迭代《てつだい》・迭立《てつりつ》・更迭《こうてつ》

用例 大臣《だいじん》が更迭される。

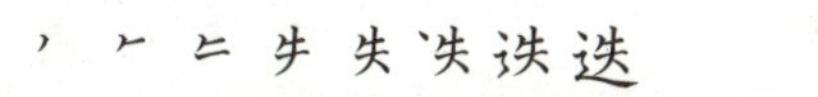

徹

部首：彳 ぎょうにんべん　15画

音 テツ
訓 ——

意味 つらぬきとおす・あきらか

語句 徹底《てってい》・徹頭徹尾《てっとうてつび》・徹夜《てつや》・一徹《いってつ》・貫徹《かんてつ》

用例 品質管理《ひんしつかんり》を徹底する。徹夜で勉強《べんきょう》する。老《お》いの一徹といわれる。

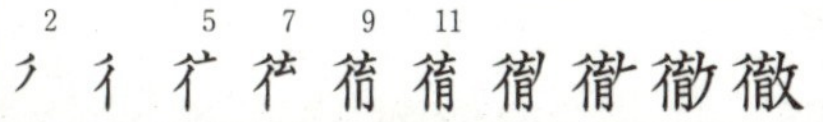

撤

扌 てへん
15画

音 テツ
訓 ——

意味 とりのぞく・ひきあげる
語句 撤回《てっかい》・撤去《てっきょ》・撤収《てっしゅう》・撤退《てったい》・撤廃《てっぱい》
用例 要求《ようきゅう》を撤回する。基地《きち》を撤収する。前線《ぜんせん》から撤退する。規則《きそく》を撤廃する。

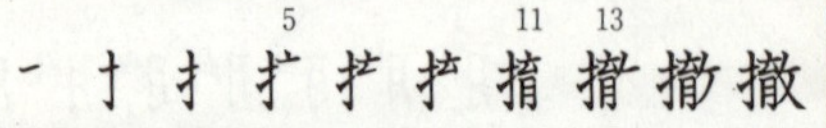

悼

忄 りっしんべん
11画

音 トウ
訓 いた(む)高

意味 人の死をかなしむ
語句 悼詞《とうし》・悼辞《とうじ》・悼惜《とうせき》・哀悼《あいとう》・追悼《ついとう》
用例 告別式《こくべつしき》で悼辞を読む。故人《こじん》を悼惜する。心《こころ》より哀悼の意《い》を表《ひょう》します。

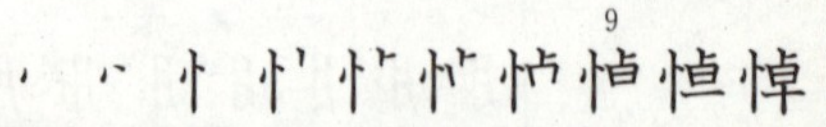

搭

扌 てへん
12画

音 トウ
訓 ——

意味 乗りこむ・のせる
語句 搭載《とうさい》・搭乗《とうじょう》
用例 この車《くるま》はターボエンジンを搭載している。搭乗ゲートにお集《あつ》まりください。

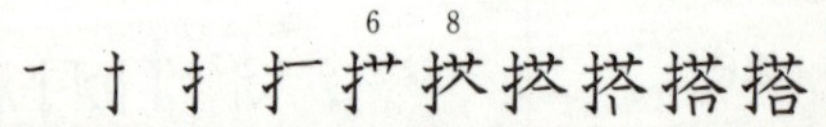

棟

木 きへん
12画

音 トウ
訓 むね
むな高

意味 むね・むなぎ・主要《しゅよう》な人
語句 棟上《むねあ》げ・棟続《むねつづ》き・汗牛充棟《かんぎゅうじゅうとう》・病棟《びょうとう》
用例 棟上げを祝《いわ》う。第一《だいいち》病棟に入院中《にゅういんちゅう》の友《とも》を見舞《みま》う。

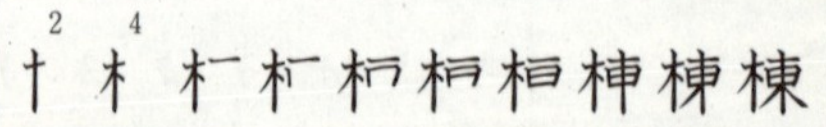

筒

⺮ たけかんむり
12画

音 トウ
訓 つつ

意味 つつ・くだ
語句 筒抜《つつぬ》け・円筒《えんとう》・水筒《すいとう》・封筒《ふうとう》・竹筒《たけづつ》
用例 隣《となり》に筒抜けだ。水筒を持《も》って遠足《えんそく》に行《い》く。竹筒に花《はな》を生《い》ける。

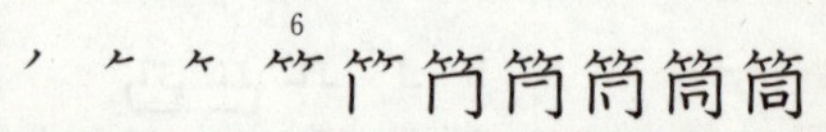

謄

言《げん》 17画

音 トウ

訓 ——

意味 写《うつ》す・書《か》き写《うつ》す

語句 謄写《とうしゃ》・謄本《とうほん》・謄録《とうろく》

用例 謄写板《ばん》で刷《す》る。戸籍《こせき》謄本を取《と》り寄《よ》せる。詩巻《しかん》を謄録する。

4 6 8 14

騰

馬《うま》 20画

音 トウ

訓 ——

意味 あがる・のぼる・物価が高くなる

語句 騰貴《とうき》・急騰《きゅうとう》・高騰《こうとう》・沸騰《ふっとう》・暴騰《ぼうとう》

用例 物価《ぶっか》が騰貴する。株価《かぶか》が急騰する。水《みず》が沸騰する。相場《そうば》が暴騰暴落《ぼうらく》する。

4 8 11 15 20

洞

氵《さんずい》 9画

音 ドウ

訓 ほら

意味 ほらあな・ふかい・見通す

語句 洞穴《どうけつ》・洞察《どうさつ》・洞門《どうもん》・空洞《くうどう》

用例 鋭《するど》い洞察力《りょく》がある。了海《りょうかい》は一念発起《いちねんほっき》して洞門を掘《ほ》る。中《なか》は空洞であった。

督

目《め》 13画

音 トク

訓 ——

意味 よくみる・ひきいる・せきたてる

語句 督促《とくそく》・家督《かとく》・監督《かんとく》・総督《そうとく》・提督《ていとく》

用例 税金《ぜいきん》の督促状《じょう》が来《く》る。家督を譲《ゆず》る。少年野球《しょうねんやきゅう》チームの監督を引《ひ》き受《う》ける。

10 13

凸

凵《うけばこ》 5画

音 トツ

訓 ——

意味 中ほどがつきでている。

語句 凸起《とっき》・凸版《とっぱん》・凸凹《でこぼこ》・凹凸《おうとつ》

用例 凸起した所《ところ》に展望台《てんぼうだい》を造《つく》る。鏡《かがみ》の表《ひょう》面《めん》に凹凸があってはならない。

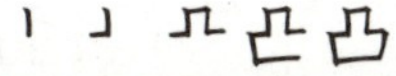

屯

屮 てつ 4画

音 トン
訓 ——

意味 たむろする・重《おも》さの単位《たんい》
語句 屯営《とんえい》・屯集《とんしゅう》・屯所《とんしょ》・屯田兵《とんでんへい》・駐屯《ちゅうとん》
用例 屯営地《ち》を慰問《いもん》する。広場《ひろば》に屯集する人々《ひとびと》。国境《こっきょう》の駐屯地《ち》を視察《しさつ》する。

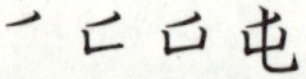

軟

車 くるまへん 11画

音 ナン
訓 やわ(らか) やわ(らかい)

意味 やわらかい・よわい・おだやか
語句 軟化《なんか》・軟球《なんきゅう》・軟禁《なんきん》・軟弱《なんじゃく》・柔軟《じゅうなん》
用例 態度《たいど》を軟化させる。軟禁状態《じょうたい》におかれる。柔軟に対応《たいおう》する。

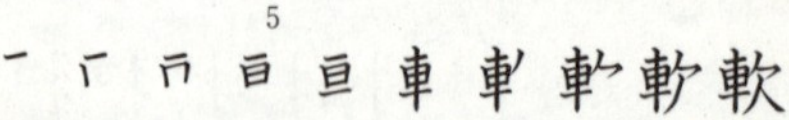

尼

尸 かばね・しかばね 5画

音 ニ(高)
訓 あま

意味 あま
語句 尼公《にこう》・尼僧《にそう》・尼寺《あまでら》・修道尼《しゅうどうに》・禅尼《ぜんに》
用例 晩年《ばんねん》は尼僧になられた。寂光院《じゃっこういん》は尼寺です。

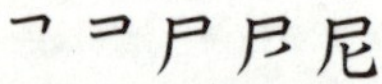

妊

女 おんなへん 7画

音 ニン
訓 ——

意味 みごもる
語句 妊娠《にんしん》・妊婦《にんぷ》・懐妊《かいにん》・避妊《ひにん》・不妊《ふにん》
用例 妊娠中絶《ちゅうぜつ》は母体《ぼたい》をいためる。マタニティードレスを着《き》た妊婦。

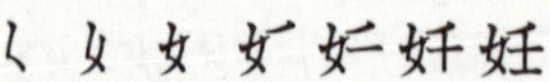

忍

心 こころ 7画

音 ニン
訓 しの(ぶ) しの(ばせる)

意味 がまんする・しのぶ・むごい
語句 忍従《にんじゅう》・忍術《にんじゅつ》・忍耐《にんたい》・堪忍《かんにん》・残忍《ざんにん》
用例 甲賀《こうが》の忍術使《つか》い。忍耐強《づよ》い子《こ》に育《そだ》てる。堪忍袋《ぶくろ》の緒《お》が切《き》れる。

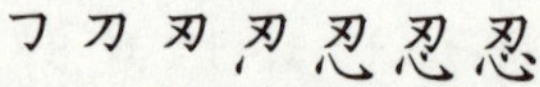

寧

宀 うかんむり 14画

音 ネイ
訓 ——

意味 やすらか・ねんごろに・むしろ

語句 寧歳《ねいさい》・寧日《ねいじつ》・寧静《ねいせい》・安寧《あんねい》・丁寧《ていねい》

用例 **寧日**の無《な》い多忙《たぼう》な年《とし》だった。社会《しゃかい》の**安寧**秩序《ちつじょ》を願《ねが》う。**丁寧**な言葉《ことば》づかい。

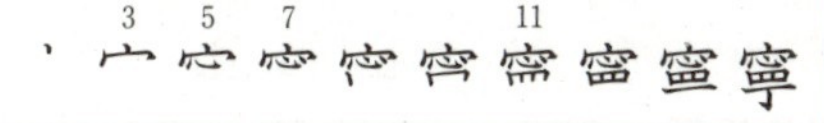

把

扌 てへん 7画

音 ハ
訓 ——

意味 とる・にぎる・とって・たば

語句 把握《はあく》・把持《はじ》・把手《はしゅ》・把捉《はそく》・一把《いっぱ》

用例 要点《ようてん》を**把握**する。銃《じゅう》を**把持**する。稲《いね》を**一把**ずつ束《たば》ねる。

覇

襾 おおいかんむり 19画

音 ハ
訓 ——

意味 武力で天下を従える・優勝する

語句 覇気《はき》・覇権《はけん》・覇者《はしゃ》・制覇《せいは》・争覇《そうは》

用例 **覇気**が感《かん》じとれる。リーグの**覇権**争《あらそ》いに勝《か》つ。ついに全国《ぜんこく》**制覇**を遂《と》げた。

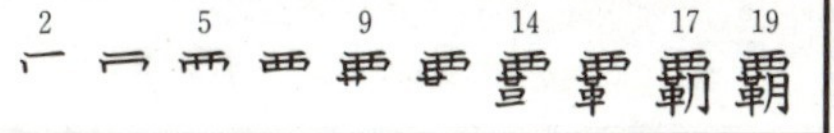

廃

广 まだれ 12画

音 ハイ
訓 すた(れる)
すた(る)

意味 すたれる・すてる・やめる

語句 廃棄《はいき》・廃止《はいし》・荒廃《こうはい》・全廃《ぜんぱい》・撤廃《てっぱい》

用例 産業《さんぎょう》**廃棄**物《ぶつ》の処理《しょり》が社会問題《しゃかいもんだい》となる。制度《せいど》を**廃止**する。心《こころ》が**荒廃**する。

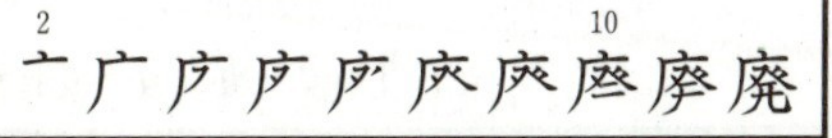

培

土 つちへん 11画

音 バイ
訓 つちか(う) 高

意味 やしない育てる・つちかう

語句 培養《ばいよう》・栽培《さいばい》

用例 細菌《さいきん》を**培養**する。植物《しょくぶつ》を**栽培**する。

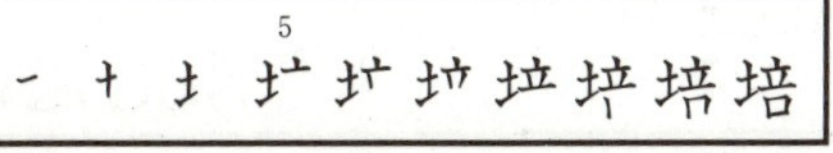

媒

女 おんなへん 12画

音 バイ
訓 ——

意味 なかだちをする・なこうど

語句 媒介《ばいかい》・媒酌《ばいしゃく》・媒体《ばいたい》・触媒《しょくばい》・溶媒《ようばい》

用例 媒酌の労《ろう》をとる。空気《くうき》は音波《おんぱ》の媒体である。触媒反応《はんのう》を起《お》こす。

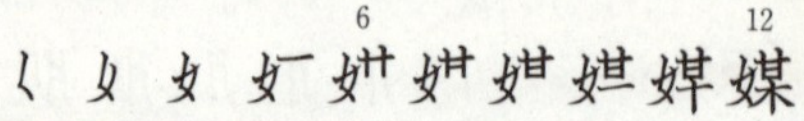

賠

貝 かいへん 15画

音 バイ
訓 ——

意味 つぐなう・うめあわせをする

語句 賠償《ばいしょう》

用例 損害《そんがい》を賠償する。

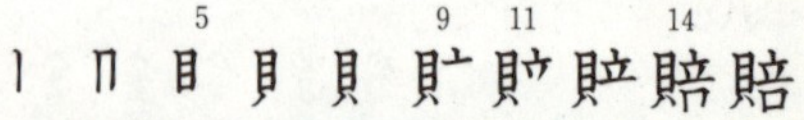

伯

イ にんべん 7画

音 ハク
訓 ——

意味 兄弟《きょうだい》の中で年長の者・一芸に長《ちょう》じる者

語句 伯爵《はくしゃく》・伯叔《はくしゅく》・伯仲《はくちゅう》・伯父《おじ》・画伯《がはく》

用例 実力《じつりょく》伯仲の好試合《こうしあい》だ。就職《しゅうしょく》の件《けん》で伯父に相談《そうだん》する。横山大観《よこやまたいかん》画伯の作品《さくひん》だ。

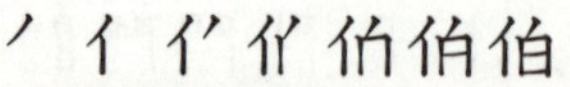

舶

舟 ふねへん 11画

音 ハク
訓 ——

意味 大きな舟

語句 舶載《はくさい》・舶来《はくらい》・海舶《かいはく》・巨舶《きょはく》・船舶《せんぱく》

用例 舶載の品《しな》を商《あきな》う。舶来の逸品《いっぴん》です。この港《みなと》は大型《おおがた》の船舶は入港《にゅうこう》できない。

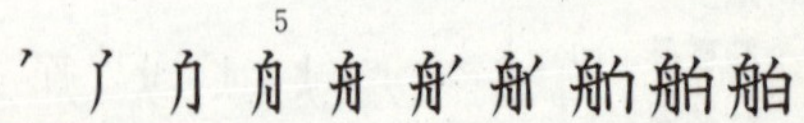

漠

氵 さんずい 13画

音 バク
訓 ——

意味 ひろい・はっきりしない・さびしい

語句 漠然《ばくぜん》・空漠《くうばく》・広漠《こうばく》・荒漠《こうばく》・砂漠《さばく》

用例 漠然とした考《かんが》えを持《も》つ。荒漠たる原《げん》野《や》が続《つづ》く。砂漠に夕日《ゆうひ》がおちる。

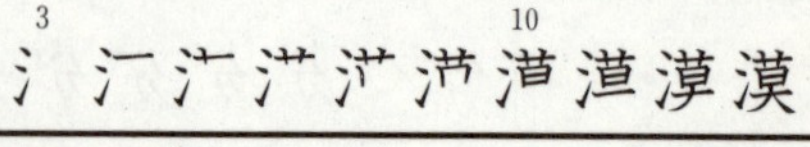

肌

月 にくづき 6画

音 ―

訓 はだ

意味 からだの表面・物の表面

語句 肌色《はだいろ》・肌身《はだみ》・地肌《じはだ》・素肌《すはだ》・柔肌《やわはだ》

用例 肌色のシャツを着《き》る。肌身離《はな》さず持《も》つ。雪《ゆき》が解《と》けて地肌が見《み》える。

鉢

金 かねへん 13画

音 ハチ ハツ(高)

訓 ―

意味 はち・深くて大きい皿・頭の横まわり

語句 鉢植《はちう》え・鉢巻《はちま》き・植木鉢《うえきばち》・衣鉢《いはつ》

用例 正月《しょうがつ》に鉢植えの松《まつ》を飾《かざ》る。鉢巻きをしめてがんばる。衣鉢を継《つ》ぐ。

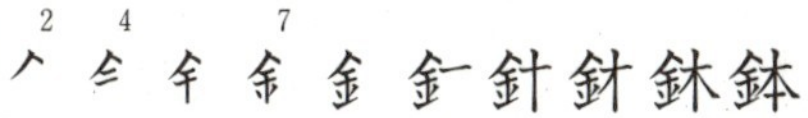

閥

門 もんがまえ 14画

音 バツ

訓 ―

意味 いえがら・てがら・なかま・党派《とうは》

語句 学閥《がくばつ》・財閥《ざいばつ》・党閥《とうばつ》・派閥《はばつ》・門閥《もんばつ》

用例 学閥にのって出世《しゅっせ》する。彼《かれ》は財閥の御曹司《おんぞうし》である。政党《せいとう》には派閥がある。

煩

火 ひへん 13画

音 ハン ボン(高)

訓 わずら(う) わずら(わす)

意味 わずらわしい・なやむ

語句 煩瑣《はんさ》・煩雑《はんざつ》・煩多《はんた》・煩悩《ぼんのう》・恋煩《こいわずら》い

用例 煩瑣な手続《てつづ》き。煩雑な規則《きそく》が多《おお》い。父《ちち》は子《こ》煩悩だ。恋煩いにかかる。

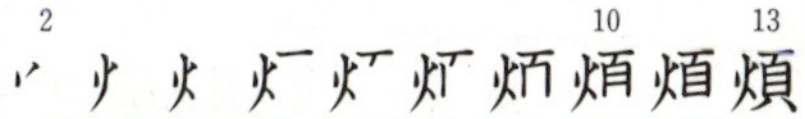

頒

頁 おおがい 13画

音 ハン

訓 ―

意味 くばる・分け与える・しく・まだら

語句 頒価《はんか》・頒行《はんこう》・頒白《はんぱく》・頒布《はんぷ》

用例 頒価千円《せんえん》の本《ほん》。博愛《はくあい》の理念《りねん》を頒行する。頒白の紳士《しんし》。頒布会《かい》を開《ひら》く。

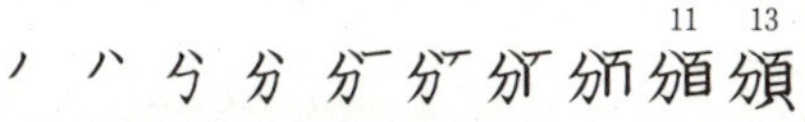

妃

女 おんなへん 6画

音 ヒ
訓 ——

意味 きさき・皇族《こうぞく》の妻《つま》

語句 妃殿下《ひでんか》・王妃《おうひ》・公妃《こうひ》・后妃《こうひ》・正妃《せいひ》

用例 妃殿下がお出《で》ましになる。ある国《くに》の王妃になった。后妃として尊敬《そんけい》される。

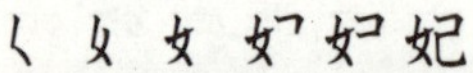

披

扌 てへん 8画

音 ヒ
訓 ——

意味 ひらく・ひろめる・うちあける

語句 披閲《ひえつ》・披見《ひけん》・披覧《ひらん》・披露《ひろう》・直披《じきひ》

用例 帳簿《ちょうぼ》を披閲する。隣国《りんごく》からの書簡《しょかん》を披見する。料理《りょうり》の腕前《うでまえ》を披露する。

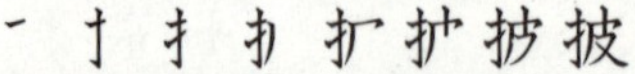

扉

戸 とだれ・とかんむり 12画

音 ヒ㊝
訓 とびら

意味 とびら・いえ・すまい

語句 扉絵《とびらえ》・開扉《かいひ》・柴扉《さいひ》・鉄扉《てっぴ》・門扉《もんぴ》

用例 扉絵を描《えが》く。神殿《しんでん》の開扉。城門《じょうもん》は鉄扉でできている。門扉を閉《と》ざす。

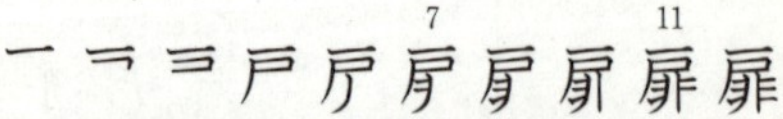

罷

罒 あみがしら・あみめ・よこめ 15画

音 ヒ
訓 ——

意味 仕事をしない・職務《しょくむ》をやめさせる

語句 罷業《ひぎょう》・罷免《ひめん》

用例 同盟《どうめい》罷業が回避《かいひ》された。裁判官《さいばんかん》を罷免する。

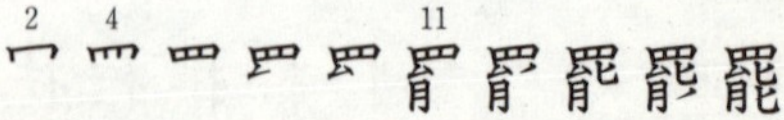

猫

犭 けものへん 11画

音 ビョウ㊝
訓 ねこ

意味 ねこ

語句 猫舌《ねこじた》・猫背《ねこぜ》・愛猫《あいびょう》・化《ば》け猫《ねこ》・三毛猫《みけねこ》

用例 猫舌で熱《あつ》い食《た》べ物《もの》が苦手《にがて》だ。寒《さむ》いので猫背になる。三毛猫の世話《せわ》をする。

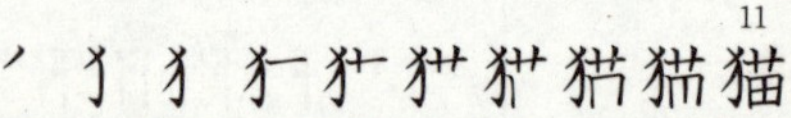

賓

貝 かい・こがい　15画

音 ヒン

訓 —

意味 大切《たいせつ》にもてなす客

語句 貴賓《きひん》・迎賓《げいひん》・国賓《こくひん》・主賓《しゅひん》・来賓《らいひん》

用例 外国《がいこく》の貴賓を接待《せったい》する。国賓として来日《らいにち》した。来賓が祝辞《しゅくじ》を述《の》べる。

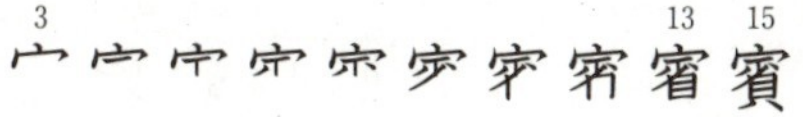

頻

頁 おおがい　17画

音 ヒン

訓 —

意味 たびたび・きれめなく・しきりに

語句 頻出《ひんしゅつ》・頻度《ひんど》・頻発《ひんぱつ》・頻繁《ひんぱん》・頻頻《ひんぴん》

用例 使用《しよう》頻度を調《しら》べる。地震《じしん》が頻発する。頻繁に訪《おとず》れる。頻頻と火事《かじ》が起《お》こる。

瓶

瓦 かわら　11画

音 ビン

訓 —

意味 液体などを入れるための容器

語句 瓶詰《びんづめ》・花瓶《かびん》・鉄瓶《てつびん》・土瓶《どびん》・釣瓶《つるべ》

用例 ウニの瓶詰。花瓶に花《はな》を生《い》ける。鉄瓶で湯《ゆ》を沸《わ》かす。釣瓶で水《みず》をくむ。

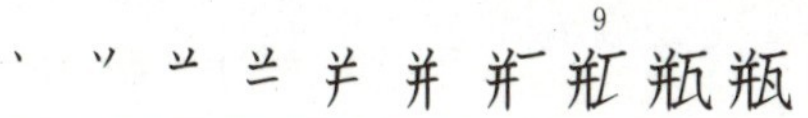

扶

扌 てへん　7画

音 フ

訓 —

意味 力を貸《か》す・たすける・世話をする

語句 扶育《ふいく》・扶助《ふじょ》・扶養《ふよう》・扶翼《ふよく》・家扶《かふ》

用例 戦争孤児《せんそうこじ》を扶育する施設《しせつ》があった。老人《ろうじん》を扶助する。扶養家族《かぞく》が多《おお》い。

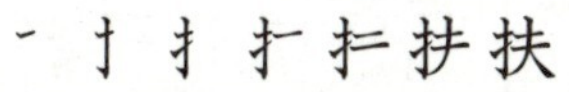

附

阝 こざとへん　8画

音 フ

訓 —

意味 つく・付け加える・したがう

語句 附加《ふか》・附随《ふずい》・附属《ふぞく》・附録《ふろく》・寄附《きふ》

用例 附加価値《かち》が高《たか》い。附属の中学校《ちゅうがっこう》。雑《ざっ》誌《し》の附録。母校《ぼこう》に寄附をする。

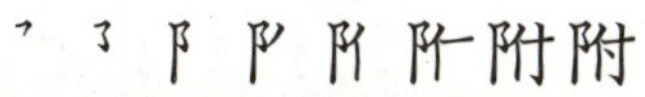

譜

言 ごんべん　19画

音 フ
訓 ――

意味 しるす・つづく・系図《けいず》・音楽《おんがく》の譜《ふ》

語句 譜代《ふだい》・音譜《おんぷ》・楽譜《がくふ》・系譜《けいふ》・年譜《ねんぷ》

用例 徳川《とくがわ》家《け》の譜代大名《だいみょう》。楽譜どおり演奏《えんそう》する。近代文学《きんだいぶんがく》の系譜を調《しら》べる。

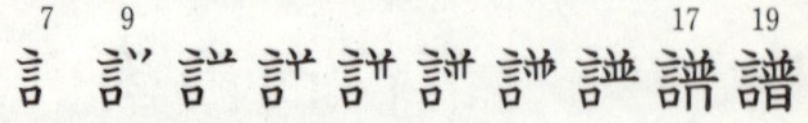

侮

亻 にんべん　8画

音 ブ
訓 あなど(る) 高

意味 あなどる・もてあそぶ

語句 侮言《ぶげん》・侮辱《ぶじょく》・侮蔑《ぶべつ》・軽侮《けいぶ》・慢侮《まんぶ》

用例 こんな侮辱を受《う》けたのは初《はじ》めてだ。侮蔑を込《こ》めて言《い》う。新参者《しんざんもの》を軽侮する。

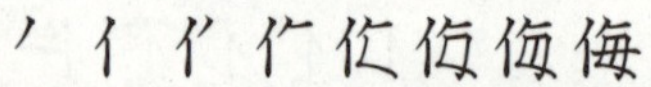

沸

氵 さんずい　8画

音 フツ
訓 わ(く)
わ(かす)

意味 にえたつ・わき出る・盛《さか》んに起《お》こる様《さま》

語句 沸点《ふってん》・沸湯《ふっとう》・沸騰《ふっとう》・煮沸《しゃふつ》・湯沸《ゆわ》かし

用例 沸湯にふれてやけどする。水《みず》の沸点はセ氏《し》100度《ど》である。世論《よろん》が沸騰する。

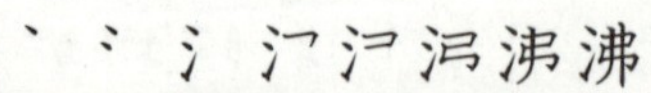

雰

⻗ あめかんむり　12画

音 フン
訓 ――

意味 その場にたちこめている気分・きり

語句 雰囲気《ふんいき》

用例 落《お》ち着《つ》いた雰囲気の喫茶店《きっさてん》だ。

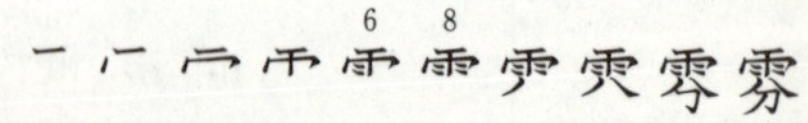

憤

忄 りっしんべん　15画

音 フン
訓 いきどお(る) 高

意味 いかる・いかり・ふるいたつ

語句 憤慨《ふんがい》・憤激《ふんげき》・憤然《ふんぜん》・義憤《ぎふん》・発憤《はっぷん》

用例 大《おお》いに憤慨する。憤然としてその場《ば》を立《た》ち去《さ》る。義憤を感《かん》ずる。

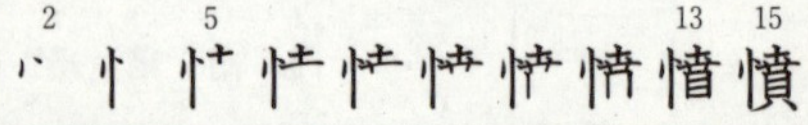

丙

一 いち　5画

音 ヘイ
訓 ——

意味 十干《じっかん》の三番目・ひのえ・物事の第三位
語句 丙午《へいご》・丙種《へいしゅ》・甲乙丙丁《こうおつへいてい》・丙午《ひのえうま》
用例 丙種の免許《めんきょ》をとった。成績《せいせき》を甲乙丙丁で表示《ひょうじ》する。丙午の生《う》まれです。

併

亻 にんべん　8画

音 ヘイ
訓 あわ(せる)

意味 ならぶ・両立する・あわせる・しかし
語句 併記《へいき》・併合《へいごう》・併発《へいはつ》・併用《へいよう》・合併《がっぺい》
用例 住所《じゅうしょ》も併記すること。風邪《かぜ》に胃炎《いえん》が併発する。会社《かいしゃ》が合併する。

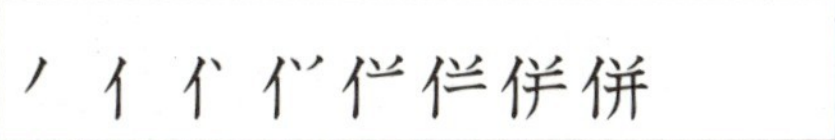

塀

土 つちへん　12画

音 ヘイ
訓 ——

意味 家や土地のさかいにするしきり・垣《かき》
語句 板塀《いたべい》・土塀《どべい》
用例 板塀を修理《しゅうり》する。あそこに土塀囲《かこ》いの旧家《きゅうか》がある。

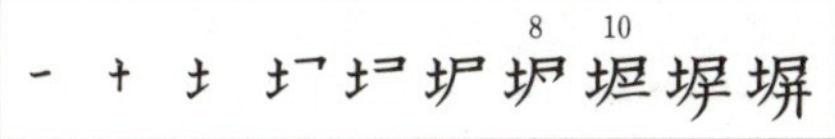

幣

巾 はば　15画

音 ヘイ
訓 ——

意味 ぬさ・おかね・客《きゃく》への贈《おく》り物《もの》
語句 幣制《へいせい》・貨幣《かへい》・御幣《ごへい》・紙幣《しへい》・造幣《ぞうへい》
用例 補助《ほじょ》貨幣は造幣局《きょく》で造《つく》られる。御幣を担《かつ》ぐ。紙幣を硬貨《こうか》に両替《りょうがえ》する。

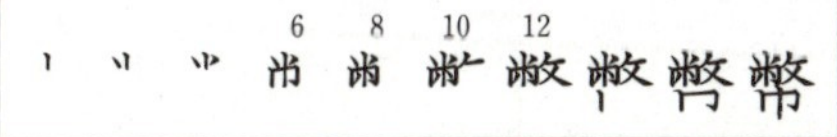

弊

廾 こまぬき・にじゅうあし　15画

音 ヘイ
訓 ——

意味 よくない・弱い・けんそんの言葉
語句 弊害《へいがい》・弊社《へいしゃ》・悪弊《あくへい》・旧弊《きゅうへい》・語弊《ごへい》
用例 新《あら》たな弊害が現《あらわ》れた。弊社にお越《こ》しください。旧来《きゅうらい》の悪弊を一掃《いっそう》する。

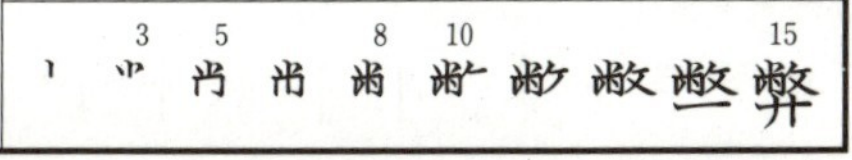

偏

イ（にんべん） 11画

音 ヘン
訓 かたよ(る)

意味 かたよる・かたがわ・漢字《かんじ》の「へん」

語句 偏愛《へんあい》・偏狭《へんきょう》・偏屈《へんくつ》・偏見《へんけん》・不偏《ふへん》

用例 猫《ねこ》を偏愛する。偏狭な考《かんが》えの持《も》ち主《ぬし》だ。独断《どくだん》と偏見に満《み》ちた意見《いけん》だ。

2 亻 仁 仨 伊 伊 伊 偏 偏 偏 偏

遍

辶（しんにょう・しんにゅう） 12画

音 ヘン
訓 ——

意味 広く行き渡る・回数《かいすう》を示す助数詞《じょすうし》

語句 遍在《へんざい》・遍歴《へんれき》・一遍《いっぺん》・普遍《ふへん》・満《まん》(万)遍《べん》

用例 この植物《しょくぶつ》は全国《ぜんこく》に遍在する。これは普遍的《てき》な学説《がくせつ》です。満遍なく気《き》を配《くば》る。

一 ㇇ ヨ 戸 戸 肩 肩 扁(9) 遍(11) 遍

浦

氵（さんずい） 10画

音 ホ(高)
訓 うら

意味 海や湖《みずうみ》が陸地に入りこんだ所・うら

語句 浦風《うらかぜ》・浦里《うらざと》・浦人《うらびと》・曲浦《きょくほ》・津津浦浦《つつうらうら》

用例 浦風が吹《ふ》く。のどかな浦里の風景《ふうけい》だ。浦人に会《あ》う。津津浦浦に知《し》れわたる。

丶 冫 氵 汇 汇 沥 涓 涓 浦 浦

泡

氵（さんずい） 8画

音 ホウ
訓 あわ

意味 あわ・うたかた

語句 泡影《ほうえい》・泡盛《あわもり》・泡雪《あわゆき》・気泡《きほう》・水泡《すいほう》

用例 青春《せいしゅん》は泡影のごとく去《さ》った。泡雪の様《よう》にはかない恋《こい》であった。水泡に帰《き》す。

丶 冫 氵 氵 汋 泃 泃 泡

俸

イ（にんべん） 10画

音 ホウ
訓 ——

意味 給料・扶持《ふち》

語句 俸給《ほうきゅう》・月俸《げっぽう》・減俸《げんぽう》・年俸《ねんぽう》・本俸《ほんぽう》

用例 0.1か月分《げつぶん》の減俸に処《しょ》する。年俸で契約《けいやく》する。本俸の外《ほか》に諸手当《しょてあて》がつく。

ノ 亻 仁 仨 仨 伕 俟 俸 俸 俸

褒

衣 ころも 15画

音 ホウ(高)
訓 ほ(める)

意味 ほめる・ほめたたえる・あつまる
語句 褒辞《ほうじ》・褒章《ほうしょう》・褒賞《ほうしょう》・褒美《ほうび》・過褒《かほう》
用例 黄綬《おうじゅ》褒章が授与《じゅよ》された。社内《しゃない》に褒賞制度《せいど》を設《もう》けた。善行《ぜんこう》に褒美を与《あた》える。

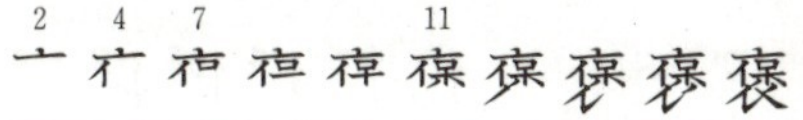

剖

刂 りっとう 10画

音 ボウ
訓 ——

意味 切りさく・わける・善悪をさだめる
語句 剖検《ぼうけん》・剖析《ほうせき》・剖判《ほうはん》・解剖《かいぼう》
用例 死因《しいん》の不審《ふしん》な遺体《いたい》が剖検された。理科《りか》の実習《じっしゅう》でカエルを解剖する。

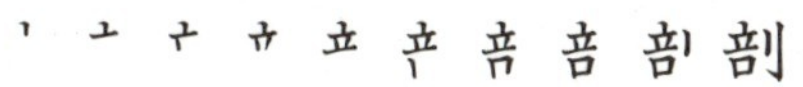

紡

糸 いとへん 10画

音 ボウ
訓 つむ(ぐ)(高)

意味 つむぐ・つむいだ糸
語句 紡織《ぼうしょく》・紡錘《ぼうすい》・紡績《ぼうせき》・混紡《こんぼう》・綿紡《めんぼう》
用例 速《はや》く泳《およ》ぐ魚《さかな》は紡錘形《けい》をしている。紡績会社《がいしゃ》を営《いとな》む。混紡のシャツを着《き》る。

朴

木 きへん 6画

音 ボク
訓 ——

意味 かざりけがない・木の皮・おおきい
語句 朴直《ぼくちょく》・朴念仁《ぼくねんじん》・質朴《しつぼく》・純朴《じゅんぼく》・素朴《そぼく》
用例 彼《かれ》は朴直な青年《せいねん》で皆《みな》から好《す》かれている。純朴で素朴な人柄《ひとがら》である。

僕

亻 にんべん 14画

音 ボク
訓 ——

意味 しもべ・めしつかい・おれ
語句 僕従《ぼくじゅう》・僕夫《ぼくふ》・下僕《げぼく》・公僕《こうぼく》・老僕《ろうぼく》
用例 公務員《こうむいん》は国民《こくみん》の公僕であると自覚《じかく》すべきだ。老僕といっしょに暮《く》らす。

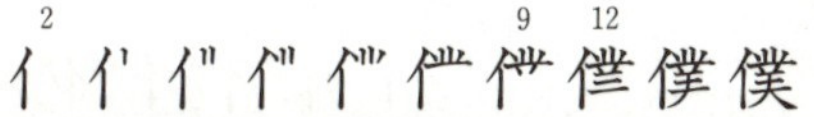

撲

扌 てへん　15画

音 ボク
訓 ——

意味 うつ・なぐる・ほろぼす・すもう

語句 撲殺《ぼくさつ》・撲滅《ぼくめつ》・打撲《だぼく》・相撲《すもう》

用例 野犬《やけん》が撲殺された。伝染病《でんせんびょう》を撲滅する。打撲傷《しょう》を負《お》う。相撲の取組表《とりくみひょう》。

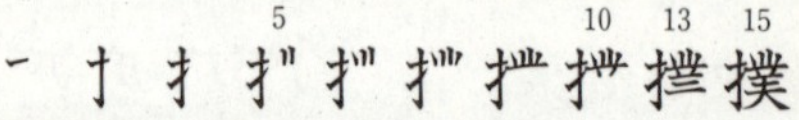

堀

土 つちへん　11画

音 ——
訓 ほり

意味 ほる・あな・ほり・掘った川または池

語句 空堀《からぼり》・堀川《ほりかわ》・堀端《ほりばた》・内堀《うちぼり》・釣《つ》り堀《ぼり》

用例 堀端を散歩《さんぽ》する。敵《てき》が内堀まで迫《せま》ってきた。あの釣り堀はよく釣《つ》れる。

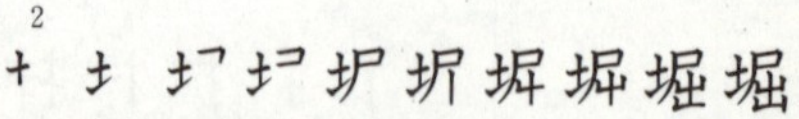

奔

大 だい　8画

音 ホン
訓 ——

意味 にげ出す・思うままにふるまう

語句 奔走《ほんそう》・奔放《ほんぽう》・狂奔《きょうほん》・出奔《しゅっぽん》・東奔西走《とうほんせいそう》

用例 金策《きんさく》に奔走する。自由《じゆう》奔放に育《そだ》った。出奔して行方不明《ゆくえふめい》だ。

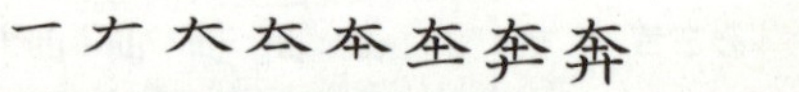

麻

麻 あさ　11画

音 マ
訓 あさ

意味 あさ・しびれる・麻糸

語句 麻酔《ますい》・麻薬《まやく》・麻糸《あさいと》・大麻《たいま》・快刀乱麻《かいとうらんま》

用例 全身《ぜんしん》麻酔をする。麻薬を取《と》り締《し》まる。麻糸を紡《つむ》ぐ。快刀乱麻を断《た》つ。

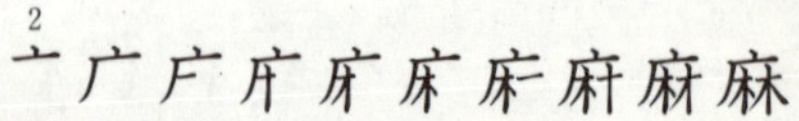

摩

手 て　15画

音 マ
訓 ——

意味 こする・みがく・せまる

語句 摩擦《まさつ》・摩天楼《まてんろう》・摩滅《まめつ》・摩耗《まもう》・研摩《けんま》

用例 貿易《ぼうえき》摩擦が起《お》こる。ニューヨークの摩天楼。部品《ぶひん》が摩耗する。

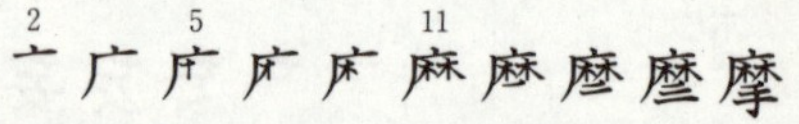

磨

石（いし） 16画

音 マ
訓 みが(く)

意味 こすってみがく・すりへる・はげむ

語句 磨研紙《まけんし》・磨滅《まめつ》・研磨《けんま》・切磋琢磨《せっさたくま》・錬磨《れんま》

用例 磨滅試験《しけん》を行《おこな》う。レンズを研磨する。お互《たが》いに切磋琢磨する。心身《しんしん》の錬磨。

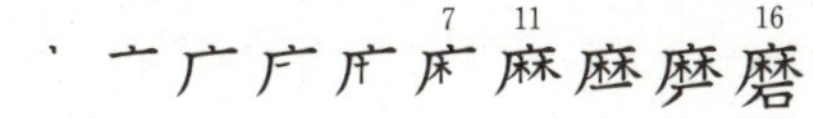

抹

扌（てへん） 8画

音 マツ
訓 ——

意味 こすりつける・けしてなくす・こな

語句 抹香《まっこう》・抹殺《まっさつ》・抹消《まっしょう》・抹茶《まっちゃ》・一抹《いちまつ》

用例 抹香臭《くさ》い話《はなし》だ。社会《しゃかい》から抹殺する。文字《もじ》を抹消する。一抹の不安《ふあん》がある。

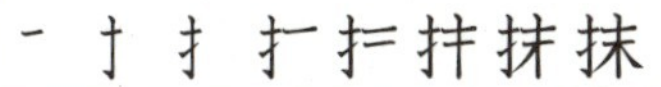

岬

山（やまへん） 8画

音 ——
訓 みさき

意味 海や湖につき出ている陸地の先

語句 室戸岬《むろとみさき》

用例 台風《たいふう》が室戸岬に上陸《じょうりく》した。

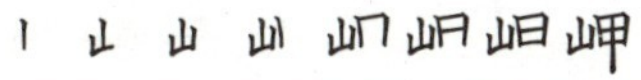

銘

金（かねへん） 14画

音 メイ
訓 ——

意味 しるす・すぐれた・心にきざみつける

語句 銘菓《めいか》・銘文《めいぶん》・感銘《かんめい》・正真正銘《しょうしんしょうめい》・無銘《むめい》

用例 ふるさとの銘菓。感銘を受《う》ける。正真正銘のダイヤモンド。無銘の刀《かたな》。

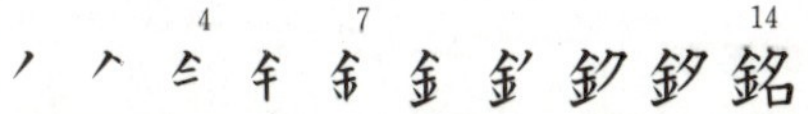

妄

女（おんな） 6画

音 モウ、ボウ㊍
訓 ——

意味 でたらめ・むやみに・いつわり

語句 妄言《ぼう(もう)げん》・妄執《もうしゅう》・妄信《もうしん》・妄想《もうそう》・妄動《もうどう》

用例 妄言をはく。妄執にとりつかれる。妄想にふける。軽挙《けいきょ》妄動を戒《いまし》める。

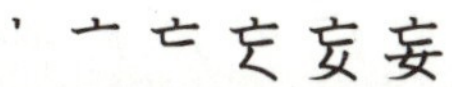

盲

目　め　8画

音　モウ

訓　——

意味　目が見えない・わけもなく

語句　盲愛《もうあい》・盲従《もうじゅう》・盲信《もうしん》・盲点《もうてん》・盲導犬《もうどうけん》

用例　一人娘《ひとりむすめ》を盲愛する。教祖《きょうそ》に盲従する。薬《くすり》の効果《こうか》を盲信する。論理《ろんり》の盲点。

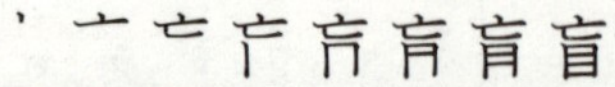

耗

耒　すきへん・らいすき　10画

音　モウ　コウ(高)

訓　——

意味　へらす・すりへる・おとろえる

語句　消耗《しょうもう》・損耗《そんもう》・心神耗弱《しんしんこうじゃく》

用例　神経《しんけい》を消耗する仕事《しごと》だ。機械《きかい》の損耗が甚《はなは》だしい。心神耗弱の状態《じょうたい》だ。

匁

勹　つつみがまえ　4画

音　——

訓　もんめ

意味　重さの単位《たんい》・もんめ

語句　一匁《いちもんめ》・花一匁《はないちもんめ》

用例　一匁は一貫《かん》の千分《せんぶん》の一《いち》で3.75グラムです。

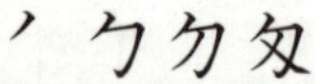

厄

厂　がんだれ　4画

音　ヤク

訓　——

意味　わざわい・めんどう・厄年《やくどし》のこと

語句　厄年《やくどし》・厄難《やくなん》・厄日《やくび》・厄介《やっかい》・災厄《さいやく》

用例　今年《ことし》は厄年だ。厄難に遭《あ》う。厄介者《もの》扱《あつか》いにする。身《み》に災厄が降《ふ》りかかる。

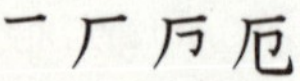

愉

忄　りっしんべん　12画

音　ユ

訓　——

意味　たのしい・よろこぶ

語句　愉悦《ゆえつ》・愉快《ゆかい》・愉楽《ゆらく》

用例　愉悦に浸《ひた》る。実《じつ》に愉快な連中《れんちゅう》だ。のんびりとした旅《たび》は人生《じんせい》の愉楽の一《ひと》つだ。

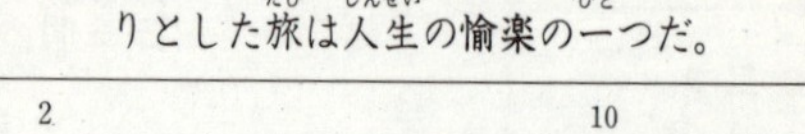

諭

言 ごんべん 16画

音 ユ

訓 さと(す)

意味 いいきかせる・教え導く・さとす

語句 諭旨《ゆし》・教諭《きょうゆ》・告諭《こくゆ》・説諭《せつゆ》・勅諭《ちょくゆ》

用例 諭旨退学《たいがく》の処分《しょぶん》。高校《こうこう》の教諭。説諭だけで放免《ほうめん》された。勅諭を賜《たまわ》る。

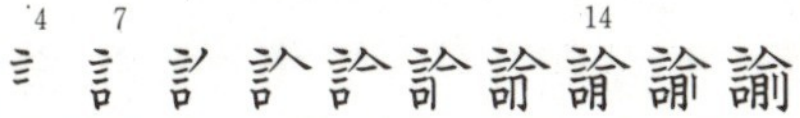

癒

疒 やまいだれ 18画

音 ユ

訓 ——

意味 病気《びょうき》やけががなおる・いえる

語句 癒着《ゆちゃく》・快癒《かいゆ》・治癒《ちゆ》・平癒《へいゆ》

用例 政界《せいかい》と財界《ざいかい》の癒着。病気《びょうき》が快癒に向《む》かう。傷《きず》が治癒する。平癒を祈《いの》る。

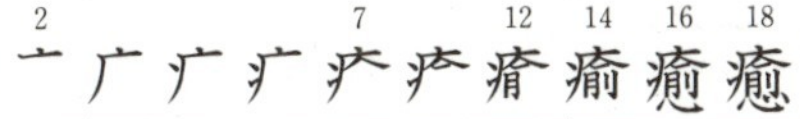

唯

口 くちへん 11画

音 ユイ
イ(高)

訓 ——

意味 ただそれだけ・応答《おうとう》のことば・はい

語句 唯一《ゆいいつ》・唯我独尊《ゆいがどくそん》・唯物論《ゆいぶつろん》・唯唯諾諾《いいだくだく》

用例 唯一無二《むに》の親友《しんゆう》。唯我独尊の態度《たいど》。相手《あいて》の要求《ようきゅう》に唯唯諾諾と従《したが》う。

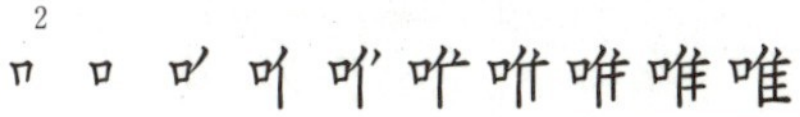

悠

心 こころ 11画

音 ユウ

訓 ——

意味 ゆったりしている・はるかに・とおい

語句 悠遠《ゆうえん》・悠久《ゆうきゅう》・悠然《ゆうぜん》・悠長《ゆうちょう》・悠悠《ゆうゆう》

用例 悠久な大河《たいが》の流《なが》れ。悠然と葉巻《はまき》をくゆらす。悠長に構《かま》える。悠悠たる大地《だいち》。

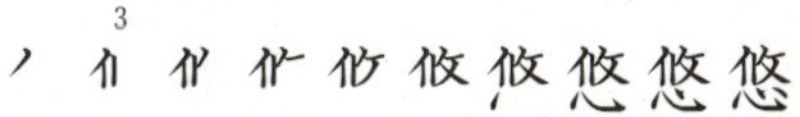

猶

犭 けものへん 12画

音 ユウ

訓 ——

意味 ためらう・なお・さながら

語句 猶子《ゆうし》・猶猶《ゆうゆう》・猶予《ゆうよ》

用例 猶子のように扱《あつか》う。猶猶として事《こと》を起《お》こさず。三日間《みっかかん》の猶予を与《あた》える。

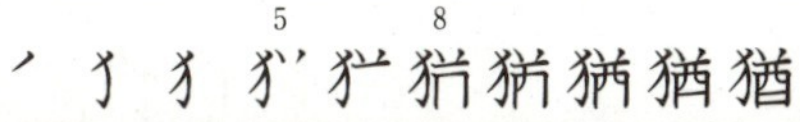

裕

衤（ころもへん）　12画

音 ユウ
訓 ——

意味 ゆたか・ゆとり・のびやか
語句 裕福《ゆうふく》・寛裕《かんゆう》・富裕《ふゆう》・余裕《よゆう》
用例 裕福な家《いえ》に生《う》まれる。寛裕の心《こころ》。富裕の出《で》。余裕の態度《たいど》を見《み》せる。

2　7
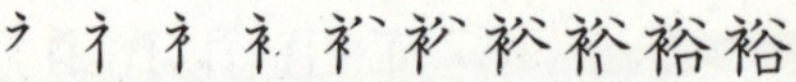

融

虫（むし）　16画

音 ユウ
訓 ——

意味 とける・やわらぎ・お金《かね》を用だてる
語句 融合《ゆうごう》・融資《ゆうし》・融通《ゆうずう》・融和《ゆうわ》・金融《きんゆう》
用例 融資を受《う》ける。資金《しきん》を融通する。民族《みんぞく》が融和する。銀行《ぎんこう》は金融機関《きかん》だ。

4　6　13
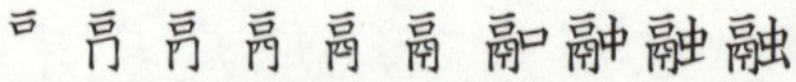

庸

广（まだれ）　11画

音 ヨウ
訓 ——

意味 ふつう・もちいる・かたよらない
語句 庸劣《ようれつ》・租庸調《そようちょう》・中庸《ちゅうよう》・登庸《とうよう》・凡庸《ぼんよう》
用例 中庸の道《みち》を進《すす》む。新人《しんじん》を登庸する。これは凡庸な作品《さくひん》だ。

2
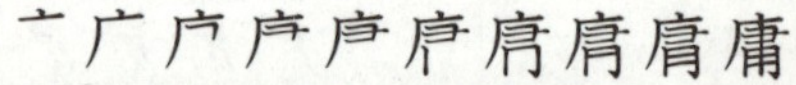

窯

穴（あなかんむり）　15画

音 ヨウ（高）
訓 かま

意味 陶器《とうき》などを焼《や》くかま
語句 窯業《ようぎょう》・窯入《かまい》れ・窯元《かまもと》・陶窯《とうよう》・炭窯《すみがま》
用例 窯業が盛《さか》んだ。窯入れは慎重《しんちょう》に行《おこな》う。有名《ゆうめい》な窯元の作品《さくひん》。陶窯の煙《けむり》が上《あ》がる。

3　7　15
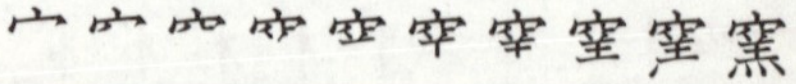

羅

罒（あみがしら・あみめ・よこめ）　19画

音 ラ
訓 ——

意味 のこらずくるむ・ならべる・うすもの
語句 羅漢《らかん》・羅針盤《らしんばん》・羅列《られつ》・森羅万象《しんらばんしょう》・網羅《もうら》
用例 羅針盤を頼《たよ》りに航海《こうかい》する。用件《ようけん》を羅列する。名作《めいさく》を網羅する。

2　4　9　11　13　19
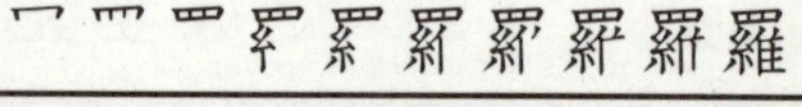

酪

酉 とりへん 13画

音 ラク
訓 ——

意味 牛などの乳《ちち》からつくった食品

語句 酪農《らくのう》・乾酪《かんらく》・牛酪《ぎゅうらく》・乳酪《にゅうらく》

用例 わが家《や》は酪農を営《いとな》んでいる。乾酪とはチーズ、牛酪とはバターのこと。

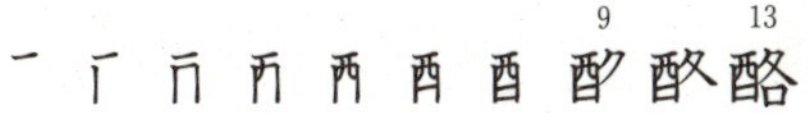

痢

疒 やまいだれ 12画

音 リ
訓 ——

意味 おなかをくだすこと

語句 痢病《りびょう》・疫痢《えきり》・下痢《げり》・赤痢《せきり》

用例 痢病に悩《なや》む。疫痢に罹《かか》る。食《た》べすぎて下痢をする。赤痢を予防《よぼう》する。

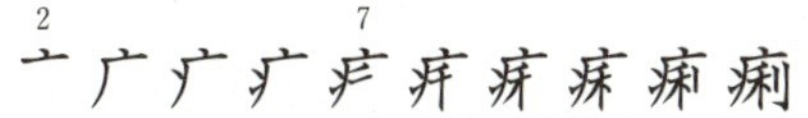

履

尸 かばね・しかばね 15画

音 リ
訓 は(く)

意味 はきもの・ふむ・おこない

語句 履行《りこう》・履修《りしゅう》・履歴書《りれきしょ》・履物《はきもの》・草履《ぞうり》

用例 約束《やくそく》を履行する。全課程《ぜんかてい》を履修。履歴書を書《か》く。履物を脱《ぬ》ぐ。草履を履《は》く。

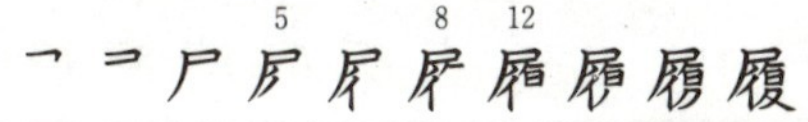

柳

木 きへん 9画

音 リュウ
訓 やなぎ

意味 やなぎ・なよやかなものの形容《けいよう》

語句 柳糸《りゅうし》・柳条《りゅうじょう》・花柳《かりゅう》・川柳《せんりゅう》・枝垂《しだ》れ柳《やなぎ》

用例 そよ風《かぜ》に柳糸がゆれる。川柳を雑誌《ざっし》に載《の》せる。枝垂れ柳が芽《め》を吹《ふ》く。

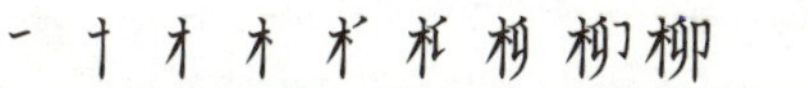

竜

竜 りゅう 10画

音 リュウ
訓 たつ

意味 想像上《そうぞうじょう》の動物《どうぶつ》・天子のことに付ける語

語句 竜宮《りゅうぐう》・竜頭蛇尾《りゅうとうだび》・竜巻《たつまき》・恐竜《きょうりゅう》・飛竜《ひりゅう》

用例 竜宮城《じょう》の伝説《でんせつ》。演説《えんぜつ》は竜頭蛇尾に終《お》わった。竜巻が起《お》こる。恐竜の化石《かせき》。

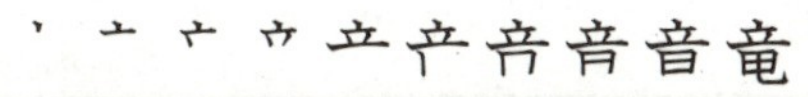

硫

石（いしへん） 12画

音 リュウ
訓 ——

意味 鉱物《こうぶつ》の一種・いおう

語句 硫安《りゅうあん》・硫化銀《りゅうかぎん》・硫酸《りゅうさん》・硫黄《いおう》

用例 硫安を肥料《ひりょう》として使《つか》う。硫酸を水《みず》と混《ま》ぜる。鉄《てつ》が硫黄と化合《かごう》する。

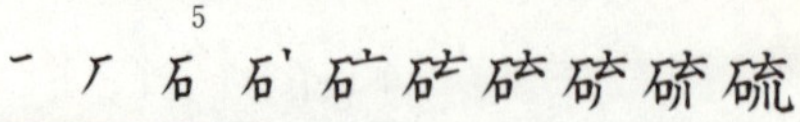

虜

虍（とらがしら・とらかんむり） 13画

音 リョ
訓 ——

意味 とらえられた人・しもべ

語句 虜囚《りょしゅう》・虜掠《りょりゃく》・俘虜《ふりょ》・捕虜《ほりょ》

用例 虜囚の身《み》となる。敵《てき》の俘虜になる。戦後《せんご》の数《すう》か月《げつ》を捕虜収容所《しゅうようじょ》で過《す》ごす。

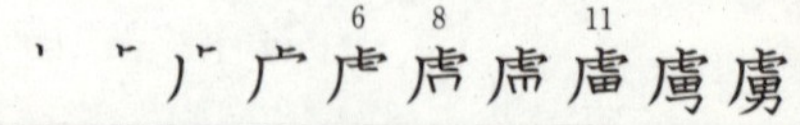

涼

氵（さんずい） 11画

音 リョウ
訓 すず(しい)
　 すず(む)

意味 すずしい・ものさびしい

語句 涼感《りょうかん》・涼気《りょうき》・涼風《りょうふう》・清涼《せいりょう》・納涼《のうりょう》

用例 涼感をさそう。涼気ただよう高原《こうげん》。涼風が吹《ふ》く。納涼大会《たいかい》を楽《たの》しむ。

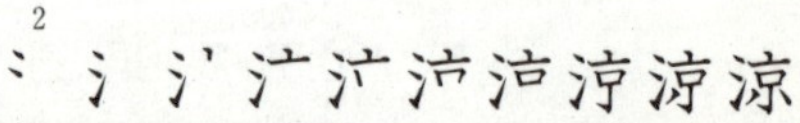

僚

亻（にんべん） 14画

音 リョウ
訓 ——

意味 なかま・役人《やくにん》

語句 僚艦《りょうかん》・僚友《りょうゆう》・閣僚《かくりょう》・官僚《かんりょう》・同僚《どうりょう》

用例 僚艦が見《み》える。閣僚会議《かいぎ》を開《ひら》く。官僚政治《せいじ》を改《あらた》める。会社《かいしゃ》の同僚と飲《の》む。

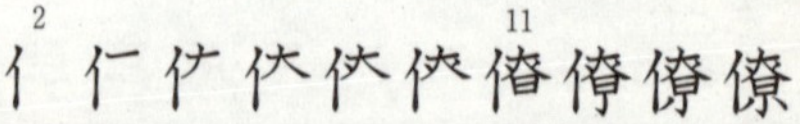

寮

宀（うかんむり） 15画

音 リョウ
訓 ——

意味 寄宿舎《きしゅくしゃ》・宿泊設備《しゅくはくせつび》・別荘《べっそう》

語句 寮生《りょうせい》・寮母《りょうぼ》・寮友《りょうゆう》・学寮《がくりょう》・御寮人《ごりょうにん》

用例 社員寮《しゃいんりょう》の寮生。学生寮《がくせいりょう》の寮母。彼《かれ》とは永《なが》い寮友だった。学寮で暮《く》らす。

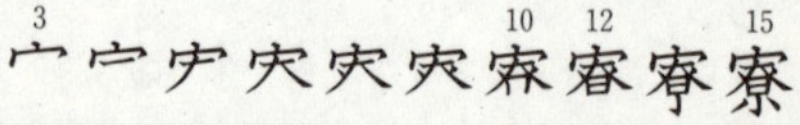

倫

亻 にんべん　10画

音 リン
訓 ——

意味 人として守るべき道・たぐい

語句 倫理《りんり》・人倫《じんりん》・絶倫《ぜつりん》・天倫《てんりん》・不倫《ふりん》

用例 倫理を尊《とうと》ぶ。人倫に背《そむ》く行《おこな》い。精力《せいりょく》絶倫だ。天倫に背《そむ》く。不倫の恋《こい》。

累

糸 いと　11画

音 ルイ
訓 ——

意味 つながり・かさねる・つぎつぎと

語句 累加《るいか》・累計《るいけい》・累進《るいしん》・累積《るいせき》・係累《けいるい》

用例 経費《けいひ》を累計する。累進課税《かぜい》を適用《てきよう》。赤字《あかじ》が累積。係累が多《おお》く煩《わずら》わしい。

塁

土 つち　12画

音 ルイ
訓 ——

意味 とりで・かさねる・野球のベース

語句 塁壁《るいへき》・堅塁《けんるい》・孤塁《こるい》・残塁《ざんるい》・満塁《まんるい》

用例 塁壁を築《きず》く。敵《てき》の堅塁を抜《ぬ》く。孤塁を守《まも》る。満塁ホームランを打《う》つ。

戻

戸 とだれ・とかんむり　7画

音 レイ（高）
訓 もど（す）　もど（る）

意味 もとへもどす・いたる・そむく

語句 戻入《れいにゅう》・戻《もど》り道《みち》・違戻《いれい》・返戻《へんれい》・払《はら》い戻《もど》し

用例 戻り道を一人寂《ひとりさび》しく歩《ある》く。規則《きそく》に違戻した行動《こうどう》をする。切符《きっぷ》の払い戻し。

鈴

金 かねへん　13画

音 レイ　リン
訓 すず

意味 すず・すずの音《ね》の形容《けいよう》

語句 鈴懸《すずかけ》・電鈴《でんれい》・予鈴《よれい》・風鈴《ふうりん》・呼《よ》び鈴《りん》

用例 電鈴をとりつける。予鈴が鳴《な》る。風鈴の音《ね》が涼《すず》しい。呼び鈴を押《お》す。

賄

貝 かいへん
13画

音 ワイ
訓 まかな(う)

意味 金品《きんぴん》を贈《おく》ってこっそり頼《たの》む・まかなう
語句 賄賂《わいろ》・財賄《ざいわい》・収賄《しゅうわい》・贈賄《ぞうわい》
用例 **賄賂**を贈《おく》る。**財賄**を蓄《たくわ》える。**収賄**の罪《つみ》に問《と》われる。**贈賄**の容疑《ようぎ》で起訴《きそ》。

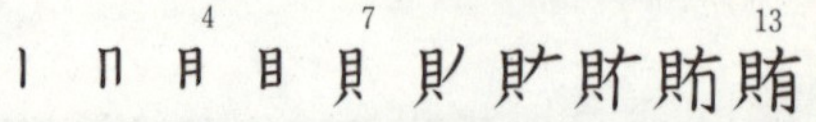

枠

木 きへん
8画

音 ——
訓 わく

意味 かこい・わく・制約《せいやく》
語句 枠組《わくぐみ》・木枠《きわく》・外枠《そとわく》・別枠《べつわく》・窓枠《まどわく》
用例 計画《けいかく》の**枠組**を発表《はっぴょう》する。**木枠**をつくる。**外枠**より内枠《うちわく》の方《ほう》が有利《ゆうり》だ。

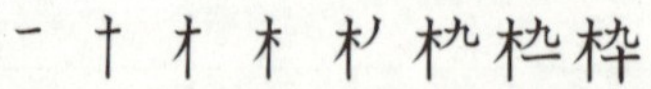

訓と熟字訓

漢字が伝来した当初の読み方は当然中国の漢字の発音をもとにした漢字音に限られていたが，やがて漢字が日本語に溶け込むにつれて，漢字本来の意味とわが国古来のことばを関連づけた読み方が慣用的に用いられるようになった。これが訓（くん）といわれるもので，このなかに熟字（一まとまりの意味をもつ二字以上の漢字の結合したもの）を漢字個々の訓では読まず全体として一つの訓で読むものがある。これを**「熟字訓」**という。次に一例として中学校で初めて学習するものを挙げておく。

小豆《あずき》，硫黄《いおう》，意気地《いくじ》，田舎《いなか》，海原《うなばら》，乳母《うば》，浮《うわ》つく，笑顔《えがお》
叔父《おじ》・伯父《おじ》，乙女《おとめ》，叔母《おば》・伯母《おば》，お巡《まわ》りさん，風邪《かぜ》
仮名《かな》，為替《かわせ》，心地《ここち》，早乙女《さおとめ》，差《さ》し支《つか》える，五月晴《さつきば》れ
早苗《さなえ》，五月雨《さみだれ》，時雨《しぐれ》，竹刀《しない》，芝生《しばふ》，三味線《しゃみせん》，砂利《じゃり》，白髪《しらが》
相撲《すもう》，草履《ぞうり》，太刀《たち》，立《た》ち退《の》く，足袋《たび》，梅雨《つゆ》，凸凹《でこぼこ》，名残《なごり》
雪崩《なだれ》，二十《はたち》，二十歳《はたち》，波止場《はとば》，日和《ひより》，吹雪《ふぶき》，土産《みやげ》，息子《むすこ》
紅葉《もみじ》，木綿《もめん》，最寄《もよ》り，大和《やまと》，行方《ゆくえ》，若人《わこうど》

編集協力
基礎学習研究会
写植　プレゼンツ

ハンディ漢字学習　準２級

2006年４月１日　第２版第１刷　発行
編　者　日本漢字教育振興会
監　修　財団法人 日本漢字能力検定協会
発行者　大久保　昇
印刷所　大日本印刷株式会社

発行所　財団法人 日本漢字能力検定協会
〒600-8585 京都市下京区烏丸通松原下る五条烏丸町398
☎075(352)8300 FAX075(352)8310

Printed in Japan
ISBN4-89096-042-2 C0081

乱丁・落丁本はお取り替えいたします。